LA CHASSE AUX MILLIONS

VAUDEVILLE EN TROIS ACTES

PAR MM. LAURENCIN, MARC-MICHEL ET L. COUAILHAC

Représenté pour la première fois, à Paris, le 25 décembre 1846,
sur le Théâtre de la Gaîté.

PERSONNAGES.	ACTEURS.
LUCIEN DUCLOZET.	MM. GOUGET.
BARNABÉ, son ami.	FRANCISQUE.
FLAMMÈCHE.	SERRES.
QUENTIN, propriétaire.	DUBOURJAL.
MATHILDE, sa fille.	LAGRANGE (Mme).
FRANÇOISE, leur servante.	LÉONTINE (Mlle).
DESROQUETTES.	LESUEUR.
ARTHUR.	DÉSIRÉ.
DUVERNAY.	BRIAND.
UN DOMESTIQUE.	FONBONNE.
BAPTISTE, garçon traiteur.	PHILIPPE.

ACTE PREMIER.

Un atelier de peintre dans une mansarde. — Porte principale au fond. — Porte à droite. — Chevalets, cadres, toiles et tableaux commencés.

SCÈNE I.

BARNABÉ, puis LUCIEN.

BARNABÉ, seul.

(Au lever du rideau, il est occupé à broyer des couleurs. On entend sonner dix heures en dehors.)

Neuf et dix... allez donc... dix heures à la Sorbonne, et Lucien n'en finit pas. (Appelant à la porte de droite.) Lucien !.. oh !

LUCIEN, il entre en brossant sa redingote, qu'il met pendant ce qui suit.

Un instant, que diable, donne-moi le temps de m'habiller !.. et puis, j'ai une lettre à écrire.

BARNABÉ.

Une lettre... Mais il est dix heures et nous ne devons déjeuner qu'à ton retour, quand tu seras venu nous annoncer la réception au Musée de notre Festin de Balthasar.

LUCIEN.

Réception que nous célèbrerons avec notre savant ami Flammèche.

BARNABÉ.
Par un déjeuner idem... de Balthasar.

LUCIEN.
A moins que le jury ne refuse mon tableau.

BARNABÉ.
Ah! bien... ce serait gentil... Une toile superbe, un dessin... et des couleurs... lui en avons-nous flanqué... des couleurs... pour plus de quatre cents francs! Un état qui coûte cher que ton illustre ami t'a fait prendre là.

LUCIEN.
Qu'importe, si je réussis!
(Il s'assied à la table et écrit pendant la scène suivante.)

SCÈNE II.

LES MÊMES, FLAMMÈCHE.

FLAMMÈCHE, *il entre en lisant un manuscrit.*
Si tu réussiras! qui en doute? (*A Barnabé.*) Est-ce encore toi? (*A Lucien.*) Et je te dis, moi, que ton tableau sera reçu et qu'il sera le premier, le glorieux échelon de la célébrité et de la fortune qui t'attendent dans cette noble et productive carrière des beaux-arts.

BARNABÉ.
Alors, elles doivent joliment s'ennuyer si elles nous attendent depuis le temps.

FLAMMÈCHE.
Tais-toi... oiseau de mauvaise augure...

BARNABÉ.
Du tout... je ne me tairai pas... je parlerai à la fin... Lucien est mon ami aussi... et...

FLAMMÈCHE.
Qu'est-ce que c'est, M. Barnabé?..

BARNABÉ.
Eh bien! oui, vous êtes savant... très-savant... c'est possible... je le veux bien.

FLAMMÈCHE, *avec ironie.*
Trop bon.

BARNABÉ.
Vous possédez la chimie, l'astronomie, la géométrie, la physique, la mécanique, la botanique.

FLAMMÈCHE, *le regardant avec intention.*
Je me connais en simples... c'est vrai.

BARNABÉ.
Compris... Merci... Mais moi, le simple... je vous demande à quoi ça nous a servi tout ça!

FLAMMÈCHE.
A quoi!... tu me le demandes... ingrat!... Et qu'étiez-vous, il y a trois ans, lorsque je vous ai connus... pauvres étudiants?...

BARNABÉ.
Nous étions plus heureux qu'aujourd'hui... Lucien avait bien quelques petites idées de gloriole... mais ça se passait en causeries, et certainement qu'avec ce qui lui est revenu à la mort de son père, Lucien se serait fait un sort assez gentil, si vous n'étiez pas venu lui monter la tête, et à moi aussi, avec vos tas de belles paroles...

FLAMMÈCHE, *haussant les épaules.*
Quel crétin!

BARNABÉ.
Plaît-il!... Ça n'est peut-être pas vrai!... Sous prétexte que Lucien a reçu une belle éducation... qu'il sait un peu de tout... vous ne lui avez peut-être pas fait changer de profession tous les cinq ou six mois... hein?... et tout ça nous coûtait cher... des cabinets de médecin... des bibliothèques... des pianos pour composer... qu'est-ce que je sais!... et toujours à recommencer... A peine avions-nous entrepris une chose... crac!... vous tiriez la ficelle...

FLAMMÈCHE.
Parce que j'avais trouvé mieux.

BARNABÉ.
Mieux... mieux... voyez-vous... pierre qui roule n'amasse pas... le sou.

FLAMMÈCHE, *avec impatience.*
Ah ça! voudrais-tu donc me reprocher tout ce que j'ai fait pour vous?

BARNABÉ.
Pour nous!... Pour moi aussi!... ah! c'est joli... Pour moi... voilà le joli... (*Allant à Lucien.*) Dis donc...

LUCIEN, *qui écrit.*
Eh! laisse-moi.

BARNABÉ, *retournant à Flammèche.*
Pour moi.

FLAMMÈCHE, *qui corrige son manuscrit.*
Au diable!

BARNABÉ, *il cherche autour de lui à qui s'adresser, et finit par se poser devant le public.*
Pour moi... il parle de ce qu'il a fait pour moi... Figurez-vous que ce savant-là... c'était l'hiver dernier... nous étions médecins... il avait, disait-il, découvert un moyen sûr et prompt de guérir les fluxions de poitrine... avec ce secret-là Lucien devait gagner des centaines et des mille de mille... jamais moins avec lui...

FLAMMÈCHE.
Sans doute, et si nous n'avons pas réussi dans cette carrière... à qui la faute... à toi...

BARNABÉ.
Bien... vous osez... (*Flammèche lui tourne le dos; il va à Lucien.*) Voilà qui est fort!... il ose...

LUCIEN.
Mais laisse donc, tu vois que j'écris.

BARNABÉ, *vexé, revenant à sa place.*
Voilà ce que c'est... pour guérir une fluxion de poitrine, il fallait en trouver une... et... nous n'avions pas un seul client... pas un seul...

FLAMMÈCHE.
Raison de plus pour faire ce qu'on te demandait.

BARNABÉ.
Me demander... est-ce que vous ne m'avez rien demandé... (*Au public.*) C'était la veille

ACTE I, SCÈNE III.

de Noël... de minuit à une heure... il gelait à pierre fendre... je dormais paisiblement avec trois couvertures sur le dos qu'il m'avait données lui-même...

FLAMMÈCHE.
Il le fallait pour amener la transpiration.

BARNABÉ.
Vous l'entendez... je transpirais... Tout à coup je m'aperçois qu'on lève brusquement mes couvertures... mes draps... et... et je me sens inonder... C'était lui... qui me versait une énorme cruche d'eau glacée dessus en me criant : Ne bouge pas... ne bouge pas !... nous tenons notre fluxion de poitrine.

FLAMMÈCHE.
Assurément !... si tu étais resté tranquille.

BARNABÉ.
Laissez-moi donc tranquille, vous-même...

FLAMMÈCHE.
Nous l'avons manquée par ta faute.

BARNABÉ.
Dieu merci !... Mais je n'ai pas manqué l'affreux rhume de cerveau... Ah ! Dieu... et voilà ce que vous appelez faire quelque chose pour moi... Eh bien ! je vous trouve beau... je vous trouve bien beau... (*Le regardant.*) C'est-à-dire... c'est une manière de parler.

FLAMMÈCHE.
Il est certain qu'avec un ami aussi tiède que toi...

BARNABÉ.
C'est ça, soyez donc chaud après douze pintes d'eau glacée.

FLAMMÈCHE, *montrant Lucien.*
Mais je saurai bien le faire arriver sans toi... aux plus hautes destinées, à la plus brillante fortune.

BARNABÉ.
Je veux bien... mon Dieu, je veux bien... mais arrivons-y... arrivons-y une bonne petite fois.

FLAMMÈCHE.
Laisse-moi faire alors... laisse-moi lui tracer sa marche... je m'en occupe sans cesse... et la peinture vint-elle à tromper son espoir, j'ai là mille ressources.

(*Il se frappe le front.*)

Air des Sept Châteaux.

J'ai d'excellents moyens
D'amasser de grands biens.
Il s'agit de saisir
La manière de s'en servir.
Oui, je prétends qu'à mon nom l'on inscrive
Mille brevets pour mille inventions,
Car je possède une imaginative
Propre à gagner des mille millions.
  Quand chez nous le coton
  Devient poudre à canon,
  Juge comme bientôt
  Va renchérir le calicot.
Aussi, mon cher, mon esprit qui travaille,
Y suppléant, a découvert déjà
Un procédé pour filer... de la paille,
C'est un tissu qu'en bottes l'on vendra.

De la Chine à Paris,
Je fais creuser un puits ;
Dînez chez Bancelin,
Vous irez souper à Pékin.
Du bal, aussi, je deviens le génie ;
Par la vapeur remplaçant Collinet,
Je répandrai des torrents d'harmonie !
En voulez-vous, ouvrez le robinet.
  Dans le quartier d'Enfer
  Je fonde un bain de mer ;
  Par un canal géant
  J'y conduis l'eau de l'Océan.
Quand chaque jour on trouve une planète,
Je veux créer des ballons-omnibus...
Par ce moyen notre fortune est faite,
En un quart d'heure on ira chez Vénus.
  Tu vois ! que de moyens
  Pour gagner de grands biens !
  Il s'agit de saisir
  Le vrai moyen de s'en servir !
Qu'en dis-tu ?

BARNABÉ.
Je dis... (*A Lucien.*) Dis donc... il va être dix heures et demie et j'ai d'affreuses crampes d'estomac.

LUCIEN.
C'est bien... je cours au Musée, et en sortant je remettrai cette lettre à M. Quentin.

FLAMMÈCHE.
Et moi je cours à l'Académie porter ce Mémoire... le soixante-quinzième !

BARNABÉ.
Ah ! si encore tous ces Mémoires-là pouvaient nous aider à payer les nôtres !

FLAMMÈCHE.
Partons !

Ensemble.
Air : Il faut, lorsqu'on est puissant (Sept Châteaux).

BARNABÉ.
Du zèle, courez soudain
A la fortune, à la gloire...
Puissiez-vous chanter victoire,
Je bénirai le destin.

LUCIEN et FLAMMÈCHE.
Du zèle... courons soudain
A la fortune, à la gloire...
Puissions-nous chanter victoire,
Nous bénirons le destin.

(*Lucien et Flammèche sortent.*)

SCÈNE III.

BARNABÉ, *seul.*

Enfin, les voilà partis... Vite, à mon tour maintenant... à ma toilette... toilette des grands jours !... (*Il se regarde dans un petit miroir.*) Tiens !... une idée !... puisque j'ai le temps... si je passais une couche de vernis sur ma chaussure ! (*Prenant un pinceau à vernis et mettant le pied sur une chaise.*) Moi qui ai toujours ambitionné des bottes vernies ! (*Relevant le bas de son pantalon et jetant un cri.*) Qu'est-ce que c'est que ça ?... un accroc !... un accroc à mon pantalon n. 1 !... Où diable ai-je accroché cet accroc... Impossible de circuler avec ce jour de souffrance... Il faut que j'y fasse un point... Je vais aller emprunter une aiguille et du fil... à la jeune Françoise... la petite bonne ci-dessous... Elle me sourit cette petite joufflue... J'ai des idées sur cette jeunesse. (*Il ouvre la porte, et voit Françoise sur le seuil, prête à entrer; elle mange une poire.*) Ah! bah !... Françoise... je descendais chez vous...

SCÈNE IV.
FRANÇOISE, BARNABÉ.

FRANÇOISE.
Tiens !.. et moi j'y montais... cheux vous !.. (*Elle mord dans sa poire.*) Bonjour, m'sieu Barnabé...

BARNABÉ.
Bonjour Françoise... (*A part.*) Elle déjeune.

FRANÇOISE.
Qu'est-ce que vous mangez donc là ?... c'est une *angleterre* ?

FRANÇOISE.
Non, c'est une *saint-germain*. (*Reprenant.*) Dites donc, M. Barnabé... M'sieu est en train de prendre son chocolat...

BARNABÉ, à part.
Encore un qui déjeune !...

FRANÇOISE.
Mam'selle Mathilde est à sa toilette... je savais que vous étiez seul... et j'ai profité de ça pour venir vous voir un moment, en cassant ma croûte... Ah ça! pourquoi donc que vous vous tenez comme ça le mollet gauche ?

BARNABÉ.
C'est un œil-de-bœuf que j'ai attrapé je ne sais où...

FRANÇOISE.
Un œil-de-bœuf ?...

BARNABÉ.
Et j'allais vous réclamer un bout de fil et une aiguille pour le réparer...

FRANÇOISE.
Vous !... ah ! ah ! ah !... vous savez donc coudre ?...

BARNABÉ.
Je sais un peu de tout... ayant exercé une foule de professions de moitié avec Lucien... mon inséparable... J'ai été copiste quand il était compositeur... garde-malade quand il était médecin... Je broye des couleurs depuis qu'il est peintre... et je suis très-fort sur les reprises perdues...

FRANÇOISE, *qui pendant ce qui précède a enfilé son aiguille.*
Ah! ah! voyons !... Donnez votre jambe... je vais vous arranger ça...

BARNABÉ.
Volontiers, mais ne me piquez pas...

FRANÇOISE, *riant et le menaçant de le piquer.*
Est-il douillet donc ?...

BARNABÉ, *se débattant.*
Oh! non !... oh! non...
(*Il met le pied sur une chaise.*)

FRANÇOISE, *qui lui a donné sa poire et son pain, agenouillée et cousant.*
Dites donc... J'étais montée pour vous demander quelque chose... Faut-il que je vous dise ce que je voulais vous dire ?...

BARNABÉ.
Allez toujours !... (*Il regarde la poire.*) Elle est bonne votre *angleterre*...

FRANÇOISE.
Ma *saint-germain*, donc !... un sucre... M. Barnabé... un vrai sucre !... c'est ma tante Tricot qui me les a envoyées.

BARNABÉ, *examinant toujours la poire.*
Ah ! c'est votre tante Tricot...

FRANÇOISE.
Pour lors donc, m'sieu Barnabé, v'là ce que c'est... Cette idée-là m'est venue en voyant votre ami, m'sieu Lucien, faire le portrait de mam'selle Mathilde... Je voudrais avoir le mien aussi, de portrait.

BARNABÉ.
Ah !

FRANÇOISE.
Pour lui envoyer à Avallon... à ma tante...

BARNABÉ.
Avallon ?... (*Mangeant la poire.*) Avalons... je veux bien.

FRANÇOISE, *joyeuse.*
Vous voulez bien ?...

BARNABÉ, *la bouche pleine.*
Un vrai sucre !.. Sapristi, oui, un vrai sucre !

FRANÇOISE, *le voyant manger.*
Ah !
(*Elle le pique sans le vouloir.*)

BARNABÉ.
Ah !... je suis piqué !...

FRANÇOISE.
Pourquoi donc que vous me mangez ma poire ?...

BARNABÉ, *se frottant la jambe.*
C'était pour voir... Ah ! crédié ! je suis piqué.

FRANÇOISE.
Ça ne sera rien... V'là votre œil-de-bœuf bouché.

BARNABÉ, *regardant.*
Et joliment... et fièrement joliment... je m'en vante !...

AIR : *J'en guette un petit de mon âge.*
Votre adresse est vraiment notoire.

FRANÇOISE.
Et c'est pour me remercier
Que vous v'nez de manger ma poire,
Sans seulement m'en laisser un quartier.

BARNABÉ.
Calmez-vous, car, en galant homme,
Je vous promets un échange de fruits !
Oui, que je sois pour vous le beau Pâris,
Et je vous donnerai la pomme.

ACTE I, SCÈNE V.

FRANÇOISE.
Tiens... les pommes... j'aime encore assez ça...

BARNABÉ, *montrant son pantalon.*
Voilà pourtant ce qui manque à un célibataire... c'est une épouse pour lui repriser ses effets et lui poser ses boutons...

FRANÇOISE.
Tiens!... eh bien! pourquoi que vous n'en prenez pas une d'épouse?...

BARNABÉ.
J'y ai souvent pensé en vous regardant, ô Françoise!...

FRANÇOISE.
Vrai?... Et moi qui me suis toujours *promise*, quand j'aurai les mille écus que ma tante Tricot doit me donner, d'avoir un mari de Paris...

BARNABÉ.
Ou de la banlieue... J'en suis, moi... J'ai reçu le jour sur la butte Montmartre... et, tel que vous me voyez, Françoise... je serais capable de vous prendre sans dot.

FRANÇOISE.
Bah!

BARNABÉ.
Oui... sans aucune dot... de mon côté.

FRANÇOISE, *riant.*
Ah! ah! c'est égal... je ne dis pas non... Mais vous allez me faire mon portrait pour ma tante Tricot... Je lui écrirai que c'est vous qui l'avez fait.

BARNABÉ.
Ça me flattera... Mais c'est que je dois vous avouer que je n'ai jamais essayé.

FRANÇOISE.
Oh! si!... oh! si!... mon p'tit m'sieu Branabé... Voulez-vous commencer tout de suite... Vous serez si gentil... si gentil...

BARNABÉ.
Est-elle joufflue et câline!... J'aime ça.

FRANÇOISE, *s'ajustant et se posant.*
Na... allez... bah!... commencez.

BARNABÉ.
Bah! au fait... qui sait... le hasard!...

FRANÇOISE.
Quel bonheur!... Faut-il que je *m'assise?*

BARNABÉ.
Vous *assiser?*... Comme vous voudrez.... (*Elle s'assied.*) Non!... debout... j'aime mieux ça... les chaises... ça doit être trop difficile... ça ferait un tas de bâtons... (*Riant.*) Je ne parle pas des vôtres, Françoise, je n'ai pas l'avantage de les connaître... mais je suis sûr,

(*Il se baisse un peu en s'approchant.*)

FRANÇOISE, *le repoussant.*
Eh ben! eh ben!... dites donc, farceur!...

BARNABÉ.
C'était pour examiner votre pied... puisque je vais vous croquer en pied.

FRANÇOISE.
A la bonne heure; mais est-ce que je pourrai-t-y manger une poire tout de même?

BARNABÉ.
Certainement... manger, c'est une pose gracieuse... et puis ça fait vivre le modèle.

FRANÇOISE.
En ce cas, commençons avant que mam'selle Mathilde ne vienne pour sa séance.

BARNABÉ.
C'est ça.

FRANÇOISE, *voyant Mathilde qui paraît sur la porte.*
Ah! bon, la v'là déjà!

SCÈNE V.
LES MÊMES, MATHILDE.

MATHILDE.
Ah! te voici... Il me semblait bien t'avoir vue monter... Tu n'as donc pas entendu mon père qui te cherche?

FRANÇOISE.
Monsieur me *serche?*

MATHILDE.
Pour te dire de m'accompagner ici... car il ne pourra pas assister au commencement de la séance.

FRANÇOISE.
Tant mieux alors, je me *rassise.*
(*Elle s'assied et prend une pose tout en mangeant.*)

MATHILDE.
Que fais-tu là?

FRANÇOISE.
C'est m'sieu Barnabé qui va me peinturer aussi.

MATHILDE.
Vraiment?

BARNABÉ.
Oui, Mademoiselle, je vais lui brosser ça en deux temps... (*Cherchant une chaise.*) Donnez-vous donc la peine de...

MATHILDE, *à Barnabé, qui débarrasse une chaise et l'époussète.*
Mais, M. Barnabé, si M. Lucien doit tarder à rentrer...

BARNABÉ.
Tarder... oh! non, Mademoiselle, je me complais à croire, au contraire... je vais toujours lui préparer sa palette...

MATHILDE.
Vous l'attendez?...

BARNABÉ, *arrangeant sa palette.*
Oui, Mademoiselle... je l'attends à chaque minute... et je ne comprends même pas... (*A part.*) Il sait pourtant que je n'ai pas déjeuné. (*Haut.*) Lucien est allé voir si notre Festin de Balthasar est reçu par le jury de l'exposition... Je dis notre, parce que j'y ai collaboré... par ma couche de vernis...

FRANÇOISE, *mangeant.*
Je suis-t'y ben comme ça, M. Barnabé...

BARNABÉ.
Très-bien... (*A part.*) Elle ne fait que manger cette goulue-là.

MATHILDE.
M. Lucien a tant de talent; il réussira, bien certainement.

BARNABÉ.
Je l'espère... et pourtant, voyez-vous, il a un défaut... (*Mouvement de Mathilde.*) C'est-à-dire, il a trois défauts.

MATHILDE.
Ah! mon Dieu!...

BARNABÉ.
Tenez, voulez-vous que je vous le dépeigne en trois coups de pinceau... (*Il prend un pinceau, une palette, et fait les mouvements dans le vide.*) Il travaille trop vite... il travaille trop peu... et il rêve trop... (*Il dépose son pinceau et sa palette.*) Voilà l'homme!

MATHILDE.
Mon Dieu! à quoi rêve-t-il donc ainsi?

BARNABÉ.
Ah! dam! il ne me l'a pas dit... mais j'ai idée que... enfin... suffit... je me comprends...

MATHILDE, *souriant et baissant les yeux.*
M. Barnabé...

BARNABÉ.
Et puis il pense aussi aux moyens de faire le plus vite possible une très-grande fortune...

MATHILDE.
Ah! qu'il prenne bien garde, M. Barnabé... c'est bien dangereux ces idées-là... Nous en avons un exemple, ici même, dans la famille, mon cousin Flammèche.

BARNABÉ.
Connu!

MATHILDE.
Un brave et digne homme, la bonté même, très-savant, très-capable..... mais une imagination exaltée, aventureuse... au point qu'il a quitté un emploi sûr et lucratif que mon père lui avait donné dans son commerce pour se livrer à toutes sortes d'expériences...

BARNABÉ.
Oui, oui, oui...

FRANÇOISE, *qui n'a cessé de manger.*
Dites donc, monsieur Barnabé, ça va-t-il bientôt finir? je commence à avoir des fourmis dans les jambes.

BARNABÉ.
Vous n'en avez pas dans la mâchoire, car vous l'occupez joliment...

SCÈNE VI.

LES MÊMES, LUCIEN.

LUCIEN, *entrant sans voir Mathilde et jetant son chapeau sur une chaise.*
Ah! les membres du jury sont de grands hommes!

BARNABÉ.
Nous sommes reçus?

LUCIEN.
Refusés!

BARNABÉ.
Réfusés!

LUCIEN.
Ciel!

BARNABÉ.
MATHILDE.

LUCIEN.
Mademoiselle Mathilde, pardon, vous étiez-là!..... (*Saluant.*) Je me suis fait attendre, veuillez m'excuser... (*A Barnabé.*) Ma palette... (*Il arrange le chevalet.*)

FRANÇOISE, *reprenant sa position.*
Y sommes-nous à présent?

BARNABÉ.
Tout de suite... refusés!... Ah! je suis pétrifié!... (*A part.*) Notre déjeûner est flambé!... Ah! je suis sur le radeau de *la Méduse*, au plus vilain moment.

LUCIEN, *avec colère.*
Travaillez donc!... mettez tout ce que le ciel vous a départi d'intelligence dans une œuvre faite avec ardeur, avec amour, pour la voir repoussée...

BARNABÉ.
Un morceau superbe!... un Festin de Balthazar qui brillait de mille beautés... Il y avait surtout des turbots... (*A Mathilde.*) Si vous saviez les beaux turbots, Mademoiselle...

LUCIEN.
Ah! c'est à briser ses pinceaux!..

MATHILDE.
Eh! pourquoi donc vous décourager ainsi... dès le premier obstacle?...

LUCIEN, *qui s'est arrêté confus de son emportement.*
Ah! Mademoiselle...

FRANÇOISE, *à Barnabé.*
Eh ben! dites donc?

BARNABÉ.
On vous dit tout de suite.

FRANÇOISE, *se remettant en position.*
Ah! bon!

LUCIEN.
Que fais-tu donc?

BARNABÉ, *travaillant.*
Un portrait... Ils le recevront peut-être celui-là, les crétins! les sauvages!...

MATHILDE.
Allons, M. Barnabé, un peu de résignation aussi.

BARNABÉ.
Ce n'est pas le cœur qui me manque, Mademoiselle... (*A part.*) C'est... (*se frappant l'estomac*) c'est ça...

FRANÇOISE, *à Barnabé, qui dessine en regardant les pieds de Françoise.*
Eh ben! ça ressemble-t-il, bein?

BARNABÉ.
Minute donc... et ne bougez pas!

MATHILDE, *à Lucien.*
Vous serez heureux une autre fois.

AIR du Piége.

Trop tôt, Monsieur, vous perdez votre ardeur

Car on arrive alors qu'on persévère.
C'est le moment d'avoir du cœur
Lorsqu'on entre dans la carrière.
Dans le présent songez à l'avenir
Sans jamais perdre l'espérance.
En affaires, pour réussir,
Comme en amour, il faut de la constance;
Ayez, Monsieur, plus de constance !

Tenez, mon père, qui est riche aujourd'hui... n'a été, durant plus de quarante années, qu'un simple marchand... Je lui ai souvent entendu dire qu'il avait commencé avec une somme des plus minimes...

LUCIEN.
Quarante années de travail, de gêne, de privations... Oh! non, ne me parlez pas de ces richesses lentement, péniblement amassées pour un avenir incertain !... Celui qui est né sans fortune doit se hâter d'en conquérir une par la puissance de son génie !...

BARNABÉ.
Je ne demande pas mieux, gagnons des millions et déjeunons.

LUCIEN.
La fortune ! c'est à ce but que depuis longtemps... (*regardant Mathilde*) depuis quelques mois surtout, tendent mes efforts...

QUENTIN, *appelant en dehors.*
Françoise !

FRANÇOISE.
C'est not' maître !

LUCIEN, *à part.*
M. Quentin!... il doit avoir lu ma lettre maintenant... que va-t-il me dire?... je tremble.

(*Il se met à travailler.*)

SCÈNE VII.

LES MÊMES, QUENTIN.

QUENTIN, *à Françoise, qui va à lui.*
Vous ne m'entendez donc pas?... (*A Lucien.*) Bonjour, M. Lucien, que je ne vous dérange pas, continuez.

LUCIEN, *saluant.*
Monsieur...

QUENTIN, *à Françoise.*
Et mon journal..... je ne l'aurai donc pas aujourd'hui ?

FRANÇOISE.
Dame! puisque j'étais ici avec Mademoiselle.

QUENTIN.
C'est juste... vous pouvez descendre maintenant.

FRANÇOISE, *bas à Barnabé.*
Ça ressemble-t-il ?

QUENTIN, *se retournant.*
Quoi? qu'est-ce que c'est ?

FRANÇOISE.
Mon portrait pour ma tante Tricot.

QUENTIN, *qui s'est approché.*
Ça... votre portrait ?

FRANÇOISE.
Tiens !... ous que je suis donc ?

BARNABÉ, *content de lui.*
Ce n'est encore qu'une esquisse. (*Il montre sa toile en la tournant vers le public. Il a esquissé tout au bas deux souliers grotesquement dessinés ; plus haut, un morceau de pain ; plus haut une poire.*) Voilà vos escarpins !

FRANÇOISE.
Mais ma figure...

BARNABÉ.
Attendez donc, nous sommes convenus d'un portrait en pied... j'ai commencé par le principal... dans un portrait en pied, la tête n'est qu'un accessoire... ça viendra plus tard.

QUENTIN, *montrant la poire.*
Mais ça là-haut?

BARNABÉ.
C'est sa miche de pain.

FRANÇOISE, *montrant la poire.*
Et ça ?

BARNABÉ.
Votre *saint-germain*.

FRANÇOISE.
Mon *angleterre* donc !

BARNABÉ.
Comme vous voudrez... Elle est à croquer pas moins.

QUENTIN.
C'est superbe... Allons, Françoise, ce journal, voyons !... vous savez bien que j'ai l'habitude de le lire pendant la séance.

FRANÇOISE.
J'y cours, Monsieur.

QUENTIN, *allant regarder le portrait que fait Lucien.*
Eh bien ! avançons-nous enfin ?

FRANÇOISE, *à Barnabé, bas.*
Dites donc, j'aimerais mieux un portrait en tête, si ça vous était égal.

BARNABÉ.
Parfaitement égal ; je vais l'essayer de mémoire.

(*Elle sort; il continue de travailler.*)

SCÈNE VIII.

LES MÊMES, moins FRANÇOISE.

(*Quentin a mis ses lunettes et examine le portrait.*)

MATHILDE.
N'est-ce pas que c'est bien, mon père ?

QUENTIN.
Heu! heu !

BARNABÉ.
Comment ! heu ! heu !

QUENTIN.

Heu! heu! pas trop mal... au surplus, jeune homme, après tous les sacrifices que votre père a faits pour vous, c'est bien le moins que vous ayez quelques talents d'agréments... les talents d'agrément, c'est très-agréable... je ne dis pas... quand on a de quoi vivre... Ce cher Duclozel... c'était sa manie... élever son fils comme un richard... comme un rentier! ah! s'il m'avait écouté, ce n'est pas à barbouiller de la toile que vous passeriez votre temps. (*Mouvement de Lucien.*) Mais ni vous ni votre père n'avez voulu me croire, et tout ce que je pourrais dire... Ainsi... laissons cela et revenons au portrait, puisque portrait, il y a... Est-ce que vous ne comptez pas finir par le finir?

LUCIEN.
Demain, Monsieur, j'espère..

QUENTIN.
Demain, soit... mais dépêchons... la séance ne sera pas longue aujourd'hui. (*A sa fille.*) Nous avons ce soir à dîner les deux Desroquettes...

SCÈNE IX.

LES MÊMES, FRANÇOISE.

FRANÇOISE.
Monsieur, voici votre *Époque*, et puis une lettre aussi.

QUENTIN.
Une lettre! donne...

LUCIEN, *troublé, à part.*
C'est la mienne!...

QUENTIN.
Qui est-ce qui peut m'écrire?

FRANÇOISE.
Je ne sais pas... je ne l'ai pas lue.

QUENTIN.
Il ne manquerait plus que ça.

FRANÇOISE, *à demi-voix, à Barnabé.*
Ça ressemble-t-il?...

BARNABÉ.
Je le crois... Qu'est-ce que vous mangez encore là?...

FRANÇOISE.
C'est une pomme pour mon dessert..

QUENTIN, *qui lit.*
Ah! voilà qui est original!...
(*Il jette un coup d'œil sur Lucien; il continue de lire.*)

FRANÇOISE, *regardant le travail de Barnabé.*
Ah! ciel!... si c'est possible!... c'est moi ça?...

BARNABÉ.
Attendez donc!... vous n'êtes pas dans le jour!...
(*Il montre la toile où il a dessiné en profil une figure avec un énorme nez, un œil rond très-petit et pas de bouche.*)

FRANÇOISE.
J'ai un nez comme ça?...

BARNABÉ.
De profil... vous ne vous êtes jamais regardée de profil... regardez-vous donc!... de profil.
(*Françoise cherche à se regarder de profil.*)

QUENTIN, *qui finit de lire.*
Mais c'est curieux!... tout-à-fait curieux!... (*à Lucien.*) Quoi, Monsieur, c'est vous!...

MATHILDE, *se levant.*
Qu'est-ce donc?...

QUENTIN.
Silence!...

FRANÇOISE.
Quoi qu'y a?

QUENTIN.
Que faites-vous ici, vous?... descendez à vos fourneaux...

FRANÇOISE.
Mais, M'sieu... faut que je pose... il m'a fait un nez...

QUENTIN, *la poussant.*
Sortez!...

FRANÇOISE.
Mais M'sieu?...

QUENTIN, *la prenant par le bras.*
Sortez, vous dis-je!... allez-vous-en!

FRANÇOISE.
Je sors... je sors. (*Criant.*) Ah! Dieu! quel nez il m'a fait!...

(*Elle sort.*)

SCÈNE X.

LES MÊMES, moins FRANÇOISE.

BARNABÉ.
Ah ça! mais... qu'est-ce que tout ça veut dire?

QUENTIN, *déchirant la signature.*
« Lucien Duclozel! » C'est bien vous, Monsieur, vous qui osez prétendre...

LUCIEN.
Monsieur, j'avais espéré...

QUENTIN.
Espéré!... ah!...... vous avez espéré..... c'est ravissant!... espéré qu'un homme comme moi... qui possède une maison sur le pavé de Paris... et 15,000 livres de rentes acquises par quarante années de travail... consentirait à donner à un jeune homme dans votre position... c'est-à-dire n'en ayant aucune... à un jeune homme sans état... sans profession...

BARNABÉ.
Comment pas de profession! j'aime beaucoup ça, pas de profession : est-ce que nous n'avons pas été médecins quatre mois... est-ce que nous n'avons pas été architectes huit mois!... que nous n'avons pas fait *la Princesse de Babylone*.

(*Chantant à tue-tête.*)
« Amis, dans ce jour d'allégres... se!
» Célébrons la grande princes... se!
(*Quentin se bouche les oreilles.*)
Et notre *Physiologie de la Richesse!*...

QUENTIN.
Qui vous a joliment enrichis...

BARNABÉ.
Ce n'est pas des professions tout ça...

QUENTIN.
Non, Monsieur, non... Quand on a tant de professions, on n'en a aucune, et l'on reste comme vous à peu près sans ressource et je dirai presque sans domicile... car vous me devez trois termes échus... ce n'est pas pour vous les reprocher... et vous avez espéré que je vous donnerais la main de ma fille!

MATHILDE.
Ma main!

QUENTIN.
Oui, quand il aura fait fortune, et il demande quatre ans pour cela... quatre ans pour faire fortune quand j'en ai mis quarante moi... il est vrai qu'en commençant je n'avais rien, tandis que votre père vous avait laissé une trentaine de mille francs, que déjà vous avez gaspillés en toutes sortes de tentatives d'essais infructueux... la pauvre maison où vous êtes né y a peut-être déjà passé aussi?

LUCIEN.
Oh! non...

QUENTIN.
Patience... elle y passera.

LUCIEN.
Ainsi, Monsieur?...

QUENTIN.
Allons donc... Hé! hé! hé!

AIR : *Un Page aimait.*
Quatre ans! je trouve cela drôle!
Permettez-moi de m'étonner.

LUCIEN.
Je réclame votre parole!

QUENTIN.
J'ai le temps de vous la donner...

LUCIEN, *à part.*
A l'espérance, hélas! mon cœur se ferme...

QUENTIN.
Vraiment, Monsieur, vous êtes fou, je crois... Vous demandez un mariage à terme
Quand déjà vous m'en devez trois. (*Bis*).
Ce n'est pas pour vous les reprocher!... Ah! vous deviendrez illustre!... millionnaire. (*A Mathilde*) comme Flammèche... les mêmes idées que le cousin Flammèche... vous voulez devenir millionnaire. (*Riant.*) Ah! ah! ah! vous êtes en bon chemin pour cela! plus de patrimoine et de superbes tableaux refusés par le jury...

LUCIEN, *à part.*
Il savait...

MATHILDE, *d'un ton de reproche.*
Mon père!

QUENTIN.
Comme, après ce que je viens d'apprendre, il est impossible que vous demeuriez un jour de plus dans ma maison, je vous invite à vous pourvoir à l'instant même d'un autre logement....

BARNABÉ.
Il nous donne congé!

QUENTIN.
Sur ce, monsieur le futur millionnaire, je vous souhaite toutes sortes de prospérités... et de millions!

MATHILDE, *bas, à Lucien.*
Courage! j'attendrai!...

LUCIEN, *bas.*
Ce mot-là... c'est le succès!

Ensemble.
AIR : Je veux ici (Brutus au Vaudeville), ou les Petits Mystères de ma femme.

QUENTIN.
Partons d'ici,
Et que l'oubli
Rompe le cours...
Désormais   (*Bis*.)
Ne comptez plus sur le succès.

LES AUTRES.
Il veut ici
Qu'un triste oubli
De ces amours
Rompe le cours
Désormais   (*Bis*.)
Ne comptons plus sur le succès.

QUENTIN.
Dans l'or vous devez nager
A mes termes daignez songer

LUCIEN, *à part.*
J'ai conçu l'espoir le plus doux.

BARNABÉ.
Le cancre se moque de nous!

Reprise de l'ensemble.
Partons d'ici, etc.

(*Quentin et Mathilde sortent.*)

SCÈNE XI.

BARNABÉ, LUCIEN.

BARNABÉ, *à la cantonnade.*
Va! je te maudis, bourgeois stupide et crétin!... Puisse-tu, vieille bicoque rester sur le pavé de Paris, vide de tous locataires!... Puissent les billets de banque se métamorphoser en coupons d'Espagne!...... puis ton sergent-major...

LUCIEN.
Assez, assez, Barnabé!... Cet homme a raison... c'est un misérable métier que celui que nous avons entrepris.

BARNABÉ.
Mais tu as déjà dit cela de la littérature, de la musique, de la médecine.

LUCIEN.
Il est vrai... mais maintenant, dans une carrière nouvelle, soutenu, guidé par les paroles de Mathilde... Courage, j'attendrai!... Oh! oui, je dois réussir... je réussirai!

BARNABÉ.
Oui!... Ah ça, est-ce que nous ne déjeunerons pas aujourd'hui?

LUCIEN, *lui montrant les tableaux et en réunissant quelques-uns lui-même.*)
Commence par prendre tout ceci.

BARNABÉ.
Pourquoi faire?

LUCIEN.
Pour débarrasser cet appartement... N'as-tu pas entendu M. Quentin nous donner congé...

BARNABÉ.
Mais nous n'avons pas dit que nous l'acceptions son congé!

LUCIEN, *le chargeant.*
Allons!... emporte ces palettes... ces pinceaux... ces couleurs... ces esquisses... porte tout cela chez Jacob, notre brocanteur... dis-lui que je lui laisse mon *Festin de Balthazar* pour le prix qu'il t'en offrira...

BARNABÉ.
Et les turbots aussi!

LUCIEN.
Allons, cours... dépêche-toi et reviens avec de l'argent...

BARNABÉ.
Mais où irons-nous?... Que ferons-nous après?...

LUCIEN.
J'y vais réfléchir pendant ton absence!...

BARNABÉ, *très-embarrassé de ce qu'il porte.*
Si nous nous faisions restaurateurs!

LUCIEN.
Allons, pars... Attends... Tu oublies cette esquisse...

BARNABÉ.
Hein!... le portrait de ma Françoise! (*Mettant ce tableau avec les autres.*) Ah! au fait, si M. Quentin voulait l'accepter pour ses trois termes...

LUCIEN.
Mais va donc.

AIR : Sans plus tarder, il faut partir. (*Mariage au Tambour.*)

LUCIEN, *seul.*
Ne tarde pas à revenir,
Et puisqu'on nous met à la porte.
Il faut, cher ami, faire en sorte
De payer avant de partir.

Ensemble.

BARNABÉ.
Oui, je vais bientôt revenir,
Et puisqu'on nous met à la porte,
Mon cher ami, faisons en sorte
De payer avant de partir.

LUCIEN.
Ne tarde pas, etc.

(*Barnabé sort.*)

SCÈNE XII.

LUCIEN, *seul.*

Oui... Que faire?... Qu'entreprendre?... A quelle carrière demander cette richesse rapide qu'il me faut... car il me la faut... Mathilde est à ce prix!... et mon honneur est engagé!... Ce n'est que par le succès que je peux répondre aux insultes de cet inepte commerçant!... Dans quatre ans, ai-je dit!... Est-ce assez pour conquérir une fortune!... Eh! c'est trop de pris sur la vie!.. Allons, courage! courage!... Cherchons... (*Il rêve.*) Le commerce... carrière lente et incertaine, vraie loterie où cent échouent pour un... Quentin qui réussit!... Cherchons ailleurs... rien... rien... partout des obstacles... des lenteurs... C'est inouï... Dire que je suis moins sot que cet homme et qu'il a eu l'esprit de s'enrichir! Oh! si je pouvais trouver une mine... un trésor!

SCÈNE XIII.

LUCIEN, FLAMMÈCHE.

FLAMMÈCHE, *entrant.*
Un trésor... Le tiendrais-tu? Vivat et gloire à toi! Tu as donc triomphé... Honneur et salut au nouveau Raphaël... Oh! la peinture!... noble carrière... Ainsi, ton tableau est...

LUCIEN.
Refusé...

FLAMMÈCHE.
Refusé!... ton Festin!... ces vandales auraient osé!... Profanation!... (*D'un ton ordinaire.*) Au fait... je m'en doutais... la peinture, vois-tu... dans ce temps où tout le monde s'en mêle... pitoyable profession, labeur ingrat et incompris.

LUCIEN.
Que j'abandonne pour jamais.

FLAMMÈCHE.
J'allais te le conseiller... oui... fais autre chose.

LUCIEN.
Oh! oui... mais hâtons-nous, il me tarde de confondre ce Quentin.

FLAMMÈCHE.
Quentin... mon cousin... cet inepte bonnetier.

LUCIEN.
Il vient de me refuser la main de Mathilde.

FLAMMÈCHE.
Parce qu'il te trouve trop pauvre!... Je reconnais bien là... Mais va, console-toi... je suis là... et tu prendras bientôt ta revanche...

SCÈNE XIV.

LES MÊMES, BARNABÉ.

BARNABÉ, *en dehors.*
C'est bien... suffit! on en sortira de votre grenier... de votre pigeonnier... bonnetier!... (*Il entre un papier à la main et avec un énorme gâteau qu'il est en train de manger.*) A-t-on jamais vu!... Cet horrible grippe-sou!

LUCIEN.
As-tu rempli ta commission?

BARNABÉ.
Avec un succès inespéré... Le tout m'a été payé 440 francs... Sur quoi je me suis emplétté ce feuilleté de vingt-cinq centimes, et j'ai soldé avec le reste les trois termes à notre odieux propriétaire... passez-moi l'adjectif, cousin.

FLAMMÈCHE.
Va toujours.

BARNABÉ.
Qui, non content d'avoir son argent, dont voici les trois quittances, nous intime l'ordre de déguerpir au plus vite.

LUCIEN.
Nous ne tarderons pas... (*A Flammèche, qui réfléchit.*) Eh bien!... quel parti prendre?... Trouvez-vous quelque idée?

BARNABÉ.
Oui... qu'est-ce que nous allons faire... Dites donc, si nous nous faisions restaurateurs?

LUCIEN.
Tais-toi donc!

BARNABÉ.
C'est un état qui fait vivre celui-là

FLAMMÈCHE, *à Lucien.*
Ne m'as-tu pas dit que tu avais étudié le droit... Alors tu pourrais te faire avocat... La parole, l'éloquence mènent à tout aujourd'hui.

LUCIEN.
Avocat!... moi! mais des causes... des causes!

FLAMMÈCHE.
Nous en trouverons... Je m'en charge... Il s'agit de débuter brillamment... par un coup d'éclat... une affaire retentissante... (*A Barnabé.*) Tu nous aideras.

BARNABÉ.
Si c'est encore comme pour la fluxion de poitrine.

FLAMMÈCHE, *qui ne l'écoute pas.*
Oui... Voici la marche à suivre... (*Montrant Barnabé.*) Barnabé pourrait, par exemple... commettre un vol.

BARNABÉ.
Moi!

FLAMMÈCHE.
Rassure-toi! oh! pas un de ces misérables vols... à la tire... au bonjour... vol de police correctionnelle... non... mais un vol commis avec circonstances aggravantes de nuit, d'escalade, d'effraction...

BARNABÉ.
Ah! mais dites donc!

FLAMMÈCHE, *suivant son idée sans l'écouter, à Lucien.*
Mieux que cela même... une tentative de meurtre.

BARNABÉ.
Sacristi... vous!

FLAMMÈCHE, *s'animant.*
On t'arrête... on te plonge au fond d'un cachot... tu comparais en cour d'assises entre deux gendarmes... quatre gendarmes.

BARNABÉ, *se fâchant.*
Ça va-t-il finir?...

FLAMMÈCHE.
Alors tu réclames maître Lucien pour ton défenseur!... Le public apprend qu'un ami va plaider pour son ami qui a un pied dans le bagne...

BARNABÉ.
Moi! vous m'insultez!..

FLAMMÈCHE.
Et la tête presque sur l'échafaud.

BARNABÉ, *furieux.*
Vous m'en rendrez raison.

FLAMMÈCHE.
La foule accourt, se précipite dans le prétoire, et Lucien, que son amitié pour toi stimule, inspire, électrise... trouve des accents, des traits de la plus haute éloquence! il attendrit les greffiers... il attendrit les gendarmes... il attendrit les juges... il les persuade, les subjugue... et leur arrache, avec des torrents de larmes, un verdict favorable... tu es sauvé, et lui est célèbre... Eh bien!

BARNABÉ.
Je ne veux pas de ça... le cachot... l'échafaud...

FLAMMÈCHE.
Ah! tu redoutes l'échafaud, lâche que tu es!.. et tu oses te dire un ami dévoué!... Eh bien, puisque tu recules...

BARNABÉ.
Mais oui.

FLAMMÈCHE.
C'est moi... moi qui me dévouerai! (*A Lucien.*) Cette cause fameuse... tu l'auras... (*Montrant Barnabé.*) Je l'assassine...

BARNABÉ, *saisissant un pilon.*
A la garde!... à l'assass... N'approche pas... crédié! ne me touchez pas!... Ah! mais!...

FLAMMÈCHE, *haussant les épaules.*
Tu trembles, cœur pusillanime!

BARNABÉ.
Tiens donc!

FLAMMÈCHE.
Et pourtant tu pourrais être tranquille..., j'aurais soin de ne pas te tuer tout à fait.

BARNABÉ.
Pas tout à fait... c'est bien aimable de votre part.

FLAMMÈCHE.
C'est moi qui serais arrêté, et Lucien obtiendrait un double triomphe.... Comme médecin il te guérirait, et me sauverait comme défenseur! Quel honneur!... quel début brillant! et ensuite quelle fortune!

BARNABÉ.
Je repousse ce moyen.... cherchez-en de moins malsains...

LUCIEN, *souriant*.
Au fait, mon bon Flammèche... je crois que ce n'est pas encore là...

FLAMMÈCHE.
Eh bien alors... tu veux arriver vite, n'est-il pas vrai?

LUCIEN.
Oh! oui...

FLAMMÈCHE.
Il est un moyen... auquel j'ai pensé déjà... un moyen de gagner rapidement, non plus quelques centaines de mille francs, mais des millions peut-être.

BARNABÉ.
Ah! oui.. croyez ça.

FLAMMÈCHE.
Tu doutes!... Écoute, et suis ce raisonnement que je vais descendre à la portée de ton intelligence... rabougrie.

BARNABÉ, *le regardant*.
Bien... allez.

FLAMMÈCHE.
Combien croirais-tu mettre de temps pour aller en Chine par les coucous de la porte Saint-Denis ou de la Bastille.

BARNABÉ.
En Chine, en coucou! Ah! ben... en voilà une idée! Voyons, ça serait-il assez de soixante-quinze ans?

FLAMMÈCHE.
Et en chemin de fer?

BARNABÉ.
Oh! soixante quinze fois plus vite.

LUCIEN, *souriant*.
Au moins.

FLAMMÈCHE.
Donc... les chemins de fer sont aujourd'hui le moyen d'arriver soixante quinze fois plus vite.

BARNABÉ, *convaincu et enchanté*.
Ça oui... j'accorde ça... voilà ce que j'appelle un raisonnement... raisonnable... que je comprends.

FLAMMÈCHE, *à Lucien*.
Eh bien.... faisons argent de tout.... de la maison de feu ton père, s'il le faut... et spéculons sur les chemins de fer!... Mes connaissances en mathématiques, les calculs que je ferai et surtout un habile et hardi spéculateur que je connais, me donnent la certitude de réussir... Donc (*à Lucien*) suis-moi... à la Bourse...

AIR : Aux braves hussards du 2me.
C'est le temple de la Fortune,
Déesse d'un facile abord.
Pour peu qu'on ait une chance opportune,
Ce qu'on y sème y produit des fruits d'or.
En un instant le cuivre y devient or!
Là des crésus un geste, une parole
Fait encaisser bientôt des millions...
C'est un rivage heureux où du Pactole
Les flots coulent à gros bouillons.

BARNABÉ.
Mon cher ami, prenons garde aux bouillons...
Prenons bien garde à boire des bouillons.

FLAMMÈCHE, *à Lucien*.
En peu de temps, tu seras riche à éblouir cet homme qui te refuse sa fille et qui bientôt implorera la faveur de ton alliance.

LUCIEN.
Ah! si je savais que ce ne fût pas une illusion!.... Bientôt, dites-vous, riche, puissamment riche... et alors Mathilde.

FLAMMÈCHE.
Mathilde serait à toi!

LUCIEN.
Ah! venez, partons... Aussi bien je n'ai plus que ce moyen.

FLAMMÈCHE, *leur tendant la main*.
Votre main, serrons les rangs, formons une sainte et généreuse alliance!

BARNABÉ, *à Lucien*.
Je ne comprends pas bien ce que nous allons faire!... mais c'est égal... tu le sais... je te suis... de ta suite... j'en suis!

Ensemble.
AIR des Puritains.
C'est une œuvre commune!
Marchons sans pensée importune :
L'inconstante fortune
En vain nous fuit,
Notre œil la suit.

LUCIEN.
Pour ce prochain voyage
J'apporte mon courage!

FLAMMÈCHE.
Moi, les conseils d'un sage...

BARNABÉ.
Et moi mon appétit!

Reprise de l'ensemble.
C'est une œuvre commune, etc.

(*Ils sortent en emportant, l'un un chevalet, l'autre des tableaux, etc.*)

ACTE II.

Un salon décoré avec luxe et disposé pour le bal. — Tables de jeu, fauteuils. — Portes latérales. — Le fond est ouvert sur un salon où l'on danse; les invités entrent par la gauche, et passent à droite dans le salon sans entrer en scène.

SCÈNE I.

DESROQUETTES, DUVERNAY.

(*Au lever du rideau, ils entrent par le fond. — Musique de contredanse à l'orchestre.*)

DESROQUETTES, *à Duvernay.*
Eh bien! beau-père, que dites-vous de ce luxe oriental?

DUVERNAY.
Oriental... c'est bien le mot, mon gendre; il faut que le jeune Monsieur qui donne cette fête ait hérité d'un nabab ou du comte de Monte-Cristo?

DESROQUETTES.
Rien de tout cela... il a spéculé sur les fonds publics, les chemins de fer, que sais-je? et cela avec un bonheur inouï, surnaturel, infernal; si bien qu'en peu de temps, Lucien Duclozet a gagné quelques centaines de mille livres dont il se fait honneur, comme vous pouvez voir!...

DUVERNAY, *qui admire.*
Oui, oui, oui... c'est encore bien le mot... honneur et grand honneur, et ce Monsieur, m'avez-vous dit, Desroquettes, n'était avant ça qu'un petit, tout petit peintre.

DESROQUETTES.
Peintre... médecin... avocat... il a fait à peu près tous les métiers... je ne sais même s'il n'a pas composé quelque chose comme des romans ou des nouvelles!... Moi, je l'ai connu du temps que j'étais en pourparlers avec maître Saint-Aubin pour l'achat de son étude...

DUVERNAY.
Tranchons le mot... du temps que vous étiez clerc d'avoué...

(*La contredanse cesse.*)

DESROQUETTES, *voyant entrer Lucien.*
Eh! mais le voici. (*Il va à lui.*) Arrivez donc, notre cher crésus!... diable!... Vous ne m'aviez pas prévenu que vous nous recevriez dans un palais!... vous nous voyez, mon beau-père et moi dans l'administration de votre élégance, de votre goût exquis...

SCÈNE II.

LES MÊMES, LUCIEN.

LUCIEN.
Ah! monsieur Desroquettes!... (*A Duvernay.*) Monsieur Duvernay, on vous attend là-bas pour un whist...

DUVERNAY.
Ah! c'est juste.... j'oubliais.... Diable! diable!...

(*Ils sort vivement.*)

SCÈNE III.

LUCIEN, DESROQUETTES.

LUCIEN.
Je vous félicite, mon cher Monsieur! Madame Desroquettes est charmante.

DESROQUETTES, *mangeant sa glace.*
Hé! hé!... peut-être pas tout-à-fait aussi bien que mademoiselle Quentin; mais (*bas*) cinquante mille écus, mon cher..... Mademoiselle Quentin n'avait guère que cent mille francs.... Alors, ma foi... (*riant*) hé! hé!... vous comprenez, vous qui êtes dans les affaires... il n'y avait pas à hésiter.

LUCIEN.
Assurément... aussi je suis bien loin de vous blâmer.

DESROQUETTES.
Je crois bien, sournois!... Ma retraite doit vous faire plaisir... Voilà le champ libre... et si vous aimez toujours la charmante Mathilde..

LUCIEN.
Toujours, et plus que jamais.

DESROQUETTES.
Alors ça ira tout seul... le père Quentin voulait un gendre riche... vous l'êtes devenu, et très-vite, ma foi...

LUCIEN.
Fort heureusement... car j'avais engagé dans cette dernière tentative mon unique, ma seule ressource..... tout ce qui me restait du patrimoine de mon père... mais enfin cette fois la chance nous a été favorable.

DESROQUETTES.
Et vous voilà... millionnaire?

LUCIEN, *souriant.*
Oh! pas encore!
DESROQUETTES.
Mais enfin..... assez riche pour que le père Quentin se réjouisse de votre recherche... A propos, le verrons-nous ce soir?
LUCIEN.
Mais... je l'espère.
(*Il va au devant de quelques jeunes gens qui entrent.*)

SCÈNE IV.

LES MÊMES, ARTHUR, GASTON, BONNEVILLE, *venant du fond du bal.*

ARTHUR.
Mon cher Lucien, votre bal est ravissant; mais il y manque ses deux plus beaux ornements.
LUCIEN, *riant.*
Quoi donc, Messieurs?... quel ornement peut-il y manquer quand vous y êtes?...
ARTHUR.
Je ne dis pas!... Mais qu'avez-vous donc fait de votre grand Flammèche?
DESROQUETTES.
Et de notre adorable Barnabé, dit de la Butte?...
LUCIEN.
Comment!... Barnabé vous aurait-il fait mystère de sa récente acquisition?...
DESROQUETTES.
Qu'a-t-il donc acheté?...
ARTHUR.
Un hôtel?... une villa!
DESROQUETTES.
Une jambe du corps de ballet!...
LUCIEN, *riant.*
Non... ah! ah!... non, non, vous n'y êtes pas... Messieurs... il a acheté une magnifique jument anglaise et un groom microscopique... qu'il est allé faire courir aujourd'hui à Chantilly...
TOUS, *riant.*
Ah! ah! ah!... c'est parfait!... impayable, ravissant!...
ARTHUR.
Notre ami de la Butte transformé en sporteman complet.
(*On entend fredonner en dehors.*)
DESROQUETTES.
Eh! mais... N'est-ce pas notre illustre Flammèche que j'entends-là?... (*Au domestique, qui passe*). Garçon, une glace!
ARTHUR, *qui est un peu remonté au fond.*
Lui-même. (*Redescendant.*) Place, Messieurs, place au roi des spéculateurs!...

SCÈNE V.

LES MÊMES, FLAMMÈCHE, *richement mais grotesquement vêtu.*

FLAMMÈCHE.
AIR du Barbier de Séville.
Oui, me voici, moi, qui suis de la Bourse
  Le roi ;
Là chacun humblement suis ma loi.
Qui peut saisir la fortune à la course?
  C'est moi.
Oui, le roi de la Bourse, c'est moi.
  Ah! quelle gloire!
  Ah! quel bonheur!
  Quelle victoire
  Pour un hardi spéculateur,
  Calculateur !

Accourez tous! quiconque à moi viendra
Ainsi que moi bientôt s'enrichira,
  Amassera, s'arrondira,
  S'enrichira
Qui veut être millionnaire,
Avoir de l'or, oui, beaucoup d'or?
Qu'il vienne moi ; j'ai son affaire
J'ai toujours là plus d'un trésor.
  Ah! quelle gloire!
  Ah! quel honneur!
  Quelle victoire
  Pour un hardi spéculateur,
  Calculateur !

J'entre, la foule m'environne;
  Avec ardeur chacun me questionne:
— Parlez, Monsieur, qu'en pensez-vous?
Que vaut le Nord? que vaut Fampoux?
Faut-il, Monsieur, prendre de l'Espelette,
Ou du Strasbourg, ou du Bordeaux à Cette?
  Est-il prudent
  De jouer sur les trois pour cent?
Ah! répondez. — Mais à qui? Sur ma foi,
Je ne sais. — C'est à moi, c'est à moi,
C'est à moi, c'est à moi, c'est à moi, de grâce!
Comment voulez-vous que je fasse?
  Ah! laissez-moi respirer,   (*Bis.*)
  Ou je vais expirer!
— Cher Monsieur, je voudrais
  Du Rouen, du Calais,
  De l'Avignon.
  — Moi, du Vierzon.
  — Moi, du Lyon.
  — Moi, du Dijon.
  — Moi, du trois-six.
  — Moi, du casis.
  — Moi, du cognac.
  — Et moi, du rack.
Fi donc! je n'ai que des mines d'Espagne,
Ou bien du zinc de la grandemontagne,
Des actions de feu Fourier,
Ou du théâtre Montpensier.
  Prenez-en, mes amis;
  Vous serez enrichis.

Oui, croyez-en l'homme
Qui vient de vous parler
A la fortune voilà comme
En quelques jours on peut voler, (*Bis*.)
On peut voler ! (*Ter*.)

Ça va bien, mes enfants. (*Il leur donne des poignées de main. — A Lucien, bas.*) J'ai à te parler ; éloigne-les...

LUCIEN.

Messieurs, la polka va commencer... il ne faut pas faire attendre vos dames.

ARTHUR.

C'est vrai... (*Aux autres.*) Allons, Messieurs.

DESHOQUETTES.

Garçon, une glace.

(*Air de polka à l'orchestre. — Ils sortent tous, moins Lucien et Flammèche.*)

SCÈNE VI.

LUCIEN, FLAMMÈCHE.

LUCIEN, *allant à Flammèche.*
Eh bien ?...

FLAMMÈCHE, *exalté.*

Victoire !... triomphe complet sur tous les points !.. Danglade, notre factotum, a tout rendu aujourd'hui au plus haut cours ! l'argent est chez lui.... nous le prendrons demain.... soixante mille francs de bénéfice net... en tout trois cent soixante mille francs, y compris tes trente mille et les trente mille de Barnabé !.. nous marchons vers le million, enfants, nous y marchons !...

LUCIEN.

Nous sommes dans une veine qui rend tout possible !...

FLAMMÈCHE.

Ajoute à cela mon grand traité sur les jeux de bourse, qui sera terminé avant peu...

LUCIEN, *l'interrompant.*

Très-bien ; mais ce n'est pas tout, mon digne ami ; avez-vous vu M. Quentin ?

FLAMMÈCHE.

Il viendra.

LUCIEN, *avec joie.*

Vraiment !... (*Avec hésitation.*) Et...

FLAMMÈCHE, *souriant.*

Et elle aussi !... (*Mouvement de joie de Lucien.*) J'ai bien eu quelques objections à combattre ; mais enfin, et grâce surtout à l'intervention de ma jeune cousine, nous avons triomphé.

LUCIEN.

Chère Mathilde !...

FLAMMÈCHE.

Le bonhomme, une fois décidé, s'est même écrié joyeusement qu'il était assez curieux de voir le météore de ta fortune... ce qui est une très-jolie expression pour un ex-bonnetier...

(*La polka finit.*)

LUCIEN, *riant.*

C'est vrai. Ainsi, je vais la revoir, revoir.. Mathilde, mon ami !...

FLAMMÈCHE.

La revoir... et mieux encore peut-être !...

LUCIEN.

Vous espérez ?...

FLAMMÈCHE.

AIR de Turenne.

Quoi ! du bonheur ce n'est qu'à l'espérance
Que ton amour se bornerait !

LUCIEN.

Si je pouvais en avoir l'assurance,
A votre génie, en effet,
Ah ! je rendrais un hommage complet.

FLAMMÈCHE.

Tu ferais bien, car je te certifie
Qu'il va prendre un nouvel essor...
C'est lorsqu'il est entouré d'or
Que surtout brille le génie !

UN LAQUAIS, *annonçant au fond.*
Monsieur et mademoiselle Quentin.

FLAMMÈCHE, *vivement.*
Ce sont eux !...

LUCIEN, *mettant la main sur son cœur.*
Ah ! mon ami ! la joie... la joie m'étouffe....

FLAMMÈCHE.

Allons, viens donc les recevoir...

SCÈNE VII.

LES MÊMES, QUENTIN, MATHILDE.

QUENTIN, *examinant l'appartement.*
Mais pas mal, pas mal !...

MATHILDE.

Comment, mon père.... mais c'est même très-bien...

LUCIEN.

Monsieur.... Mademoiselle.... si vous saviez combien je suis heureux !...

QUENTIN.

Ah ! bonjour, jeune homme (*il lui serre la main*) ; bonjour, mon garçon... Eh bien, il paraîtrait donc que nous avons fait nos petites affaires ?...

LUCIEN.

Il est vrai, Monsieur, et vous le voyez, ma confiance dans mes efforts et dans un avenir prochain était moins déraisonnable que vous ne le supposiez...

QUENTIN, *qui examine toujours.*
Oui... oui... oui... peste !... voilà un appartement...

MATHILDE.

Monsieur Lucien a toujours eu tant de goût !...

QUENTIN.

Oui, oui...

LUCIEN.
J'ai devancé le terme que je vous suppliais d'attendre...

QUENTIN.
Moi... attendre!... quoi donc?...

LUCIEN.
Ne vous rappelleriez-vous plus?... Alors permettez-moi d'espérer que mademoiselle Mathilde aura daigné conserver le souvenir...

MATHILDE, *avec intention.*
Je n'ai rien oublié, monsieur Lucien, rien, ni les promesses que vous fîtes alors... (*Bas.*) Ni les miennes...

QUENTIN, *les regardant.*
Hein? plaît-il?... Ah!... oui... oui... c'est juste. Ah! dam... depuis si longtemps!... Ainsi vous songez encore à cela?...

FLAMMÈCHE.
S'il y songe, ce cher Lucien!...

LUCIEN.
Mais, Monsieur, depuis deux ans je n'ai pas eu d'autre pensée, d'autre ambition; si ma position passée m'était si intolérable, c'est qu'elle plaçait un abîme entre mon but et mes désirs! Si j'ai salué avec bonheur l'aurore de ma fortune actuelle, c'est qu'elle semblait combler cet abîme et me rapprocher de vous.

QUENTIN.
Ah! fort bien... très-bien... je crois deviner, jeune homme, ce n'est pas seulement à titre d'ancien ami de votre père que vous m'avez invité à votre soirée...

LUCIEN.
Monsieur...

QUENTIN.
C'était un moyen de m'attirer ici..... vous m'avez convié à cette fête extravagante dans l'espoir de m'éblouir, de me fasciner par ce luxe, ce faste...

LUCIEN.
Ah! Monsieur, je n'ai voulu que vous revoir et vous renouveler ma prière d'autrefois.

QUENTIN.
J'entends parfaitement... Eh bien, mon cher ami, voici ma réponse d'aujourd'hui. (*Après une petite pause il lui tend la main.*) Touchez là... vous n'aurez pas ma fille!...

MATHILDE et LUCIEN.
Ciel!...

FLAMMÈCHE.
Par exemple! mais puisque Lucien...

QUENTIN, *faisant un pas vers le fond.*
Nous disons donc que c'est par là qu'on danse?

LUCIEN, *l'arrêtant.*
De grâce, Monsieur, veuillez du moins m'apprendre les motifs nouveaux de ce refus...

QUENTIN.
Nouveaux!... ils ne sont pas nouveaux... ce sont toujours les mêmes...

LUCIEN.
Cependant ma position a bien changé.... je suis riche aujourd'hui...

QUENTIN.
Aujourd'hui... c'est possible...mais demain...

MATHILDE.
Oh! mon père, pourquoi donc ne pas croire que monsieur Lucien saura conserver une fortune qu'il a su acquérir en si peu de temps?...

FLAMMÈCHE.
Et que nous doublerons, triplerons en moins de temps encore...

(*Quentin le regarde et hausse les épaules.*)

MATHILDE.
Conserver, c'est cependant bien plus facile que d'acquérir.

QUENTIN.
Plus facile!... voilà bien des idées de petite fille. (*Frappant sur l'épaule de Lucien.*) Mon garçon... vous n'avez jamais voulu suivre mes conseils...

FLAMMÈCHE.
Et bien lui en a pris; où ça l'aurait-il mené? (*Avec dédain.*) à végéter au fond de quelque obscur comptoir... à amasser sou à sou une cinquantaine de mille misérables fr...

LUCIEN.
Et je voulais offrir à mademoiselle Mathilde une fortune plus digne d'elle; oui, tout ce que Paris, son luxe peuvent procurer de bien-être, de plaisirs...

FLAMMÈCHE.
Oui, petite cousine,.. à vous le plus bel hôtel, les plus riches parures, le plus élégant équipage: vous présiderez à nos fêtes brillantes; vous aimez passionnément la musique... vous aurez loge à l'Opéra, aux Italiens...

QUENTIN.
Brrrrr!!!

FLAMMÈCHE.
Certainement, ce n'est pas avec les cent mille écus qu'il possède aujourd'hui... mais bientôt...

QUENTIN, *à Lucien, d'un air surpris.*
Cent mille écus!... Vous avez?...

FLAMMÈCHE, *triomphant.*
Oui, trois cent mille francs... (*A part.*) Voyez-vous l'effet?...

LUCIEN.
Oui, Monsieur.

QUENTIN.
Comment... vous n'avez que ça?...

FLAMMÈCHE, *étonné.*
Que ça?...

QUENTIN, *à Lucien.*
Cent mille écus, pas plus?... et vous menez un train pareil?... vous prenez des allures de millionnaire!... vous vous logez à la Chaussée-d'Antin... un mobilier princier et des fêtes, des bals d'ambassadeurs... Cent mille écus!...

AIR : On dit que je suis sans malice.
Cent mille écus!... ça m'épouvante!
Encore si c'était de rente!
Pour manger votre capital
Mettons trois mois, terme fatal!

Le juif errant, qui, je le pense,
Ne faisait pas tant de dépense,
Avec ses éternels cinq sous
Était bien plus riche que vous !
FLAMMÈCHE.
Eh ! n'avons-nous pas là vingt opérations magnifiques combinées par moi !..
QUENTIN.
Par vous... ça doit être du beau !...
FLAMMÈCHE.
Certes ! vous voyez des preuves...
(*Il montre l'appartement.*)
QUENTIN, *haussant les épaules.*
Belles preuves !... Est-ce qu'on ne sait pas ce que valent toutes ces fortunes de bourse... ces actions de chemin de fer... (*Imitant le bruit d'une locomotive.*) Pfutt ! pfutt ! pfutt ! pfutt ! de la vapeur... de la fumée... puis rien !...
FLAMMÈCHE.
Allons donc.
MATHILDE.
Dans ce cas on ne perd pas courage... on redemande au travail....
QUENTIN.
Au travail !... allons donc !... Travailler quand on s'est habitué à gagner des sommes énormes en quelques jours... en quelques heures peut-être ! Travailler, fi donc !... Lorsqu'on en est arrivé là, on devient millionnaire...
FLAMMÈCHE.
Bravo !
QUENTIN, *le regardant et ajoutant avec force.*
Ou l'on se brûle la cervelle !...
MATHILDE, *poussant un cri.*
Ah ! mon père !...
QUENTIN, *à Mathilde.*
Là-dessus... puisqu'on nous a invités au bal, allons danser.
(*Il l'entraîne à gauche.*)

SCÈNE VIII.

FLAMMÈCHE, LUCIEN.

FLAMMÈCHE, *qui les a suivis jusqu'au fond.*
Est-ce que tu l'écoutes ? Ah ! que voilà bien des idées dignes d'éclore sous un bonnet de coton !
LUCIEN, *sortant de sa rêverie avec trouble.*
Mon ami... si M. Quentin avait raison... si nous ne devions qu'à un heureux hasard....
FLAMMÈCHE.
Eh ! non... je suis positivement sûr...
LUCIEN.
N'importe... je ne puis hésiter davantage... Si je persiste dans nos projets, je perds Mathilde... Alors que me feraient ces richesses ?.. Non, non, il est un seul moyen de fléchir M. Quentin, c'est de réaliser ma fortune... de la lui remettre tout entière... cette marque de préférence à ses idées le touchera... dissipera ses craintes...
FLAMMÈCHE.
Quoi ! tu voudrais renoncer !...
LUCIEN.
Il le faut... mon ami, Flammèche, je vous en supplie, ne me refusez pas le service que je vous demande... songez qu'il y va de mon bonheur... Je vais rejoindre Mathilde ; vous, partez, volez chez Danglade... faites-vous remettre tous nos titres et valeurs.... et revenez, revenez vite.
FLAMMÈCHE.
Allons, puisque tu l'exiges... Mais si tu m'en croyais...
LUCIEN.
Mon ami, je vous attends.
Ensemble.
Air : C'est abuser de ma patience. (*Oiseau.*)
Qu'ici bientôt, ami, votre présence
Fasse régner le calme dans mon cœur.
Votre départ, c'est déjà l'espérance ;
Votre retour, ce sera le bonheur.
FLAMMÈCHE.
Ici bientôt, cher ami, ma présence
Fera régner le calme dans ton cœur ;
Car mon départ, c'est déjà l'espérance,
Et mon retour, ce sera le bonheur.
(*Lucien sort par la droite ; Flammèche par la gauche.*)

SCÈNE IX.

BARNABÉ, ARTHUR, GASTON, DESROQUETTES, BONNEVILLE, JEUNES GENS.

LES JEUNES GENS, *qui circulaient dans l'antichambre, voyant arriver Barnabé par le fond.*
Ah ! le voici ! le voici !
BARNABÉ, *en costume de sportmen exagéré.*
Ah ! mes petits... je suis moulu, brisé, éreinté, fripé, poudré, saupoudré. (*Il s'époussète avec sa cravache.*) Et de plus volé, égorgé comme dans un bois...
TOUS.
Qu'est-ce que c'est !...
BARNABÉ, *secouant la poussière de ses cheveux.*
Figurez-vous que j'arrive de Chantilly !
DESROQUETTES.
Ta jument a-t-elle gagné la course ? (*Au domestique.*) Une glace, garçon !
BARNABÉ.
Ma jument !... Félicité ?.. Ah ! quelle bête, mon cher... d'un noir de corbeau... ornée d'une queue plantureuse, d'une crinière flamboyante, d'une double rangée de dents de perles, marquant l'âge de quatre ans, trois mois et dix-sept jours... montée par mon jockey, un groom gros comme une noisette et parfaitement costumé... L'heure sonne, le signal est donné, ma belle Félicité s'élance... (*Se couvrant les yeux, et avec un gémissement.*) Ah ! mes enfants !... Ah ! mes pauvres enfants !... quel brigandage atroce !...
TOUS.
Quoi donc !...
BARNABÉ.
La malheureuse n'avait pas fait cent pas qu'un immense bravo éclate sur toute la ligne... Je regarde... Félicité n'avait plus de queue !... Elle tourbillonnait dans les airs.
DESROQUETTES.
Félicité ?

BARNABÉ.
Eh! non... sa queue... comme un énorme plumeau...

TOUS, *éclatant de rire.*
Ah! ah! ah!

BARNABÉ.
Vingt pas plus loin, sa crinière prend le même chemin... C'étaient sur les gradins, dans les galeries, des éclats de rire, des huées... Je n'y tiens plus, je franchis les barrières... je prends ma course moi-même au milieu de l'hippodrôme... je rattrape Félicité qui s'avançait tranquillement au petit trot... Elle était partie noire, je la retrouve rousse comme un blaireau... L'affreuse bête avait déteint... Elle n'avait d'anglais qu'une couche de cirage *Patterson et compagnie!*

TOUS, *riant.*
Ah! ah! ah!...

ARTHUR.
Et elle t'avait coûté?...

BARNABÉ.
Cent louis.

ARTHUR.
Diable!

DESROQUETTES.
A ce prix-là tu avais droit à une jument vernie.

(Ils rient.)

BARNABÉ.
Je n'ai pas vérifié la bouche de Félicité, mais je suis sûre qu'elle a des dents osanores!... Je ne serais même pas étonné qu'on m'eût sophistiqué mon groom... Je gage que j'ai un groom postiche... Il faut que j'en aie le cœur net!... *(Appelant.)* Tom Noisette! Tom Noisette!!!

(Un petit groom de deux pieds de haut s'avance par le fond. Costume de jockei, barbe, favoris, moustaches.)

TOM.
Milord?...

DESROQUETTES.
Mais il est ravissant, ton groom!... Il vaut à lui seul les cent louis.

BARNABÉ.
Laissez-moi voir s'il n'est pas falsifié...
(Il lui ôte sa casquette et lui tire les cheveux.)

TOM, *poussant un cri.*
A à hi!!!

BARNABÉ, *tranquillement.*
Il paraîtrait que ses cheveux tiennent...

DESROQUETTES.
Combien de retour pour me céder ton groom, Barnabé?

BARNABÉ.
Nous verrons, *my dear!*... Mais vous savez bien que ce n'est plus Barnabé qu'on m'appelle... C'était bon autrefois... Aujourd'hui que je suis capitaliste... que je vais dans le monde...

DESROQUETTES.
Pardon, mon cher de la Butte... je ne l'oublierai plus.

ARTHUR.
C'est un nom charmant... D'où diable l'avez-vous tiré?

BARNABÉ.
Je l'ai tiré de la butte Montmartre, où j'ai reçu le jour!... J'aurais dû m'appeler Barnabé de la Butte-Montmartre... Mais ç'aurait été trop long... Je me suis contenté de la Butte.

ARTHUR.
C'est parbleu bien assez joli!...

BARNABÉ.
Mais, pardon... Je vais faire un bout de toilette, après quoi je paraîtrai un moment au salon.

DESROQUETTES.
Quoi! mon cher Montmartre... Pardon... de la Butte; tu ne nous donnes pas toute la soirée?...

BARNABÉ, *avec fatuité.*
Est-ce que je puis, *mio caro*! Est-ce que je puis... Plaignez-moi!... et allez toujours m'annoncer au salon.

AIR de la valse des Farfadets.
Ensemble.

BARNABÉ.
Allez donc, chers amis,
A mes sombres ennuis
Vous devez me laisser,
Retournez jouer et danser.

TOUS LES AUTRES.
Partons donc, chers amis,
A ses sombres ennuis
Nous devons le laisser,
Retournons jouer et danser.

ARTHUR.
C'est bien à tort que le chagrin te gagne,
Par lui dois-tu te montrer terrassé?
Toi qu'en tous lieux le bonheur accompagne...

BARNABÉ.
Je suis heureux... oui... mais je suis vexé.

(Reprise de l'ensemble.)

DESROQUETTES, *rencontrant le garçon.*
Ah! garçon... une glace!

(Les jeunes gens passent au salon.)

SCÈNE X.

BARNABÉ, TOM, *puis* UN DOMESTIQUE.

BARNABÉ.
Allons, Tom Noisette... prenez ma cravache, mes gants, ma casquette... et passez dans mes appartements pour habiller votre maître.

TOM.
Oui, Milord!...

BARNABÉ.
P'us vite que ça donc!... *(Il l'enlève et le met sous son bras.)* Venez donc.

UN DOMESTIQUE, *entrant.*
Monsieur, il y a en bas une personne qui demande à vous parler...

BARNABÉ.
Ah! good! vingt louis que c'est Christiniska!... *(Au domestique.)* Une dame?...

LE DOMESTIQUE.
Demoiselle, je crois.

BARNABÉ, *à lui-même, ironiquement.*
Ah! ah!... demoiselle!... Ah! ah!... que diantre veut-elle? *(Haut.)* Faites monter... *(Le domestique sort. Barnabé dépose le groom à la*

porte de la chambre et le pousse dedans.) Partez muscade! (*Seul, avec fatuité et passant la main dans ses cheveux.*) C'est une chose fatigante d'être comme ça couru par les femmes!...

LE DOMESTIQUE, *rentrant par la porte latérale et annonçant.*
Mademoiselle Françoise Tricot.

BARNABÉ, *stupéfait.*
Hein?...
(*Le domestique sort.*)

SCÈNE XI.
BARNABÉ, FRANÇOISE.

FRANÇOISE, *joyeuse.*
Ah! le v'là!... Ah! seigneur Dieu! j'ai t'y couru pour vous trouver!...

BARNABÉ, *désappointé, à part.*
Françoise Tricot!...

FRANÇOISE, *regardant l'appartement.*
Mais que vous v'là bien logé!... (*Le regardant.*) Que vous v'là donc bien requinqué!...

BARNABÉ.
Requinqué!...

FRANÇOISE.
Vous vous êtes donc fait chasseur ou piqueur chez des gens riches?...

BARNABÉ.
Piqueur?.. Qui ça piqueur?.. Moi piqueur!..

FRANÇOISE.
Dam! je croyais... en vous voyant en livrée...

BARNABÉ, *furieux.*
En livrée!... Un costume de sportmen qui me coûte cent écus!... Ah! ça, petite, est-ce que vous ne m'avez cherché que pour venir me dire de ces choses-là... chasseur!

FRANÇOISE.
Eh ben! na!... mon Dieu!... vous fâchez pas... On peut ben se tromper... Et puis, qu'est-ce que ça me fait à moi que vous soyez chasseur, laquais, valet-de-chambre... ou n'importe quoi!...

BARNABÉ, *outré.*
Encore!... Saprelotte!... J'ai donc l'air d'un domestique!... Petite impertinente, apprenez que c'est moi qui en ai des laquais... des domestiques, des grooms... A moi, à moi!... entendez-vous!...

FRANÇOISE.
Ah! pour le coup!... Ah! par exemple!... Comme ça vous êtes ici chez vous?...

BARNABÉ.
Ça me fait cet effet-là.

FRANÇOISE.
AIR d'Angéline.
Vous êtes riche! ah! quel événement,
Ici, c'est l' bon Dieu qui m'envoie,
J'en ai comme un éblouissement,
Je n' vois que du v'lours, de la soie,
Eh! you piou! piou! (*bis.*)
Ah! vraiment, j'en saute de joie,
Et you piou piou,
Que j'en suis contente pour vous.

BARNABÉ, *parlé.*
Taisez-vous donc... on peut venir.

(*Reprise de l'air.*)
FRANÇOISE.
Comm' vous devez vous arrondir,
Manger du canard, des cuiss' d'oie.
BARNABÉ.
François', voulez-vous bien finir!
FRANÇOISE.
Des gâteaux, des biscuits d' Savoie,
Et you piou piou. (*bis.*)
Ah! pour vous j'en saute de joie,
Et you piou piou. (*bis.*)
Comme on va bien vivre chez vous!
(*Elle danse. Barnabé cherche à l'arrêter.*)
Et vous donnez un bal!... C'est donc ça!... Vous êtes déguisé en jockey...

BARNABÉ, *à lui-même.*
Elle ne peut pas digérer mon costume de sportman!... (*à Françoise.*) Mais, pardon, je suis excessivement pressé. (*Il tire successivement plusieurs chaînes d'or en cherchant sa montre.*) Dix heures et demie, sapredié... pardon, excusez... bonsoir, Françoise!... (*Il passe comme pour entrer dans sa chambre.*)

FRANÇOISE, *prête à pleurer, le rappelant.*
M'sieu Barnabé!...

BARNABÉ, *s'arrêtant.*
Voulez-vous bien ne pas crier comme ça!...

FRANÇOISE.
Vous me laissez là... vous ne me demandez pas même ce que je vous veux!

BARNABÉ.
Ah! c'est vrai!... qu'est-ce que vous me voulez, Françoise?... faites vite!...

FRANÇOISE.
Vous saurez donc que j'ai quitté M. Quentin...

BARNABÉ.
Ah! eh bien?... vous n'avez plus de place... vous cherchez une place.... C'est bon, nous verrons ça... j'en parlerai à Lucien...

FRANÇOISE.
Qu'est-ce que vous dites donc?... vous vous figurez que je voudrais être cuisinière chez vous?...

BARNABÉ.
Non?... eh bien! mais alors?...

FRANÇOISE.
Je viens de passer quelques mois à Avallon, où ma pauvre tante Tricot est décédée...

BARNABÉ.
Ah! elle est décédée la tante Tricot... Pauvre tante Tricot!... Quelle tante Tricot?...

FRANÇOISE.
La mienne donc!... celle qui m'envoyait de si belles poires d'Angleterre...

BARNABÉ.
Ah! oui..... ah! bon..... ah! pauvre tante Tricot! Elle est finie...

FRANÇOISE.
Elle m'a laissé tout son petit avoir.... trois mille francs... avec quoi je suis revenue à Paris... vous cherchant partout pour reparler ensemble de nos affaires... et nous mettre d'accord...

BARNABÉ.
Quelles affaires!... d'accord sur quoi?...

FRANÇOISE.
Comment! sur quoi?... Vous avez donc ou-

blié tout ce que vous m'aviez dit la dernière fois que je vous ai rencontré... Vous savez bien... un jour que vous étiez si enrhumé.
BARNABÉ.
Ah! oui le fameux rhume Flammèche?...
FRANÇOISE.
Vous disiez que si je pouvais obtenir de ma tante de quoi acheter un fonds de traiteur... vous m'épouseriez sans dot... de votre côté.
BARNABÉ, *riant*.
Ah! ah!
FRANÇOISE.
Pour lors donc... je viens voir si vous voulez toujours?...
BARNABÉ, *outré*.
Plaît-il?... vous dites?... vous épouser!... acheter un fonds de gargotte!... Gargottier... moi!... moi Barnabé de la Butte... moi qui dîne tous les jours au café de Paris!... Allons donc, *mia cara!* vous moquez-vous de moi, *mia cara!*... Trois mille francs... trois mille misérables francs ; mais *mia carissima*, je me propose de donner ça pour étrennes à mon groom Tom Noisette... gardez votre argent, petite... portez cela à quelqu'autre.
FRANÇOISE, *sanglotant*.
Ah! mon Dieu! j'en étais sûre!... il refuse!... il me renie...
BARNABÉ, *alarmé, regardant si personne ne vient*.
Ne criez donc pas, sapristi!
FRANÇOISE, *de même*.
Il est riche! il est heureux!.... Je suis-t-y malheureuse!...
BARNABÉ.
Bien obligé!...
FRANÇOISE, *criant*.
Mais vous êtes donc un trompeur, un enjoleur, un monstre comme tous les autres jeunes hommes?
BARNABÉ, *alarmé*.
Ne criez pas, vertubleu!... vous allez attirer ici tout le bal...
FRANÇOISE.
Vous ne m'avez donc pas dit que vous m'aimiez... que vous m'adoriez, le jour où vous étiez si enrhumé?
BARNABÉ.
Ma chère enfant!... ce jour là j'étais enrhumé.
FRANÇOISE, *sanglotant plus fort*.
Ah! bon Dieu!... qu'est-ce que je vas devenir... avec l'héritage de ma tante Tricot et pas de mari... hi! hi! hi!...
BARNABÉ, *hors de lui*.
Mais c'est affreux!... mais c'est abominable!... vous allez me rendre la fable du bal!... vous me compromettez... je n'oserai plus me montrer au balcon des Italiens... ni dans les raouts des gentlemen-ridders!... Françoise... my dear!... *mia cara!*... je vous en prie... allez-vous-en... (*A part*.) Si Christiniska savait... elle m'arracherait les yeux... (*Haut*.) Calmez-vous... j'irai vous voir... où restez-vous?...
FRANÇOISE, *sanglotant*.
Au cinquième... 55... rue Briseniche!

BARNABÉ.
AIR : Final de la belle écaillière.
Oui, de ce pas,
Allons vite
Qu'on me quitte.
Quel embarras ;
Surtout ne revenez pas.
FRANÇOISE.
Oui, je m'en vas
Tout de suite ;
Je vous quitte.
Oui, je m'en vas ;
Mais c'est bien pénible, hélas!
(*Barnabé pousse doucement Françoise vers la droite et court au fond. — Françoise, au lieu de sortir, entre dans la chambre de Barnabé, en indiquant par gestes qu'elle va le surveiller*).

SCÈNE XII.
BARNABÉ, FLAMMÈCHE.
FLAMMÈCHE, *entrant par le fond, très agité, à un domestique*.
Prévenez M. Lucien que je suis là... qu'il quitte tout... qu'il vienne.
(*Le domestique sort*.)
BARNABÉ.
Ah! glorieux Flammèche!... d'où diable venez-vous?... qu'avez-vous?...
FLAMMÈCHE, *très agité, parcourant la scène*.
Rien!... rien!... laisse-moi...
BARNABÉ.
Il invente encore quelque chose!.... Dites donc! à quelle heure danserons-nous tous deux le fameux pas nouveau que vous avez composé et que j'ai intitulé la *Flammechka*?...
(*Il fait quelques pas bizarres*).
FLAMMÈCHE, *haussant les épaules*.
Oui... danse... danse!... il s'agit bien de danser...
BARNABÉ, *s'arrêtant*.
Qu'est-ce qu'il y a donc?

SCÈNE XIII.
LES MÊMES, LUCIEN, QUENTIN, MATHILDE, TOUS LES INVITÉS, *puis* FRANÇOISE.
LUCIEN, *amenant Quentin*.
Venez, Monsieur, venez, mon père, que mette en vos mains toute ma fortune!... Ah! Flammèche, que vous avez tardé!... Je mourais d'impatience... Donnez, donnez vite!...
FLAMMÈCHE.
Lucien!... ne t'ai-je pas fait dire de venir seul?...
LUCIEN.
Qu'importe!... Donnez, donnez donc!...
FLAMMÈCHE.
Courage!... Sois homme, Lucien!... Suppose que ces six mois sont un rêve.
LUCIEN, *pâlissant*.
Que voulez-vous dire?...
FLAMMÈCHE.
Danglade est parti pour Bruxelles... Nous sommes ruinés.

ACTE II, SCÈNE XIII.

LUCIEN et BARNABÉ, *foudroyés*.
Ruinés !
FRANÇOISE, *qui a paru sur le seuil de la porte, accourant vivement.*
Ruinés... Seigneur Dieu !
QUENTIN, *à sa fille.*
Là, qu'est-ce que je disais ?
BARNABÉ, *égaré, à Flammèche.*
Ruiné !... Danglade !... Bruxelles !... mes... mes... mes trente mille francs !...
FLAMMÈCHE.
Ils galoppent vers la frontière.
BARNABÉ.
Il faut courir... Les gendarmes !... La police !... Le télégraphe !...
FLAMMÈCHE.
À cette heure-ci ?
BARNABÉ.
Ah ! si nous avions votre télégraphe de nuit !... Ah ! le gueux !... Ah ! le gueux !... Ah !... le.
(*Il chancelle, Françoise le fait asseoir.*)
Final.
AIR : Final du quatrième acte de : un Bon Ange. (Gymnase.)
LUCIEN, *accablé, à lui-même.*
C'en est fait désormais, pour moi plus d'espérance !
FLAMMÈCHE, *s'approchant de lui.*
Du courage toujours ; et dans ton avenir...
LUCIEN.
Il n'en est plus pour moi...
FLAMMÈCHE.
Reprends donc confiance.
LUCIEN, *à lui-même.*
Vivre pour travailler... souffrir !
Poursuivre un bonheur impossible à saisir.
Non ! non ! plutôt mourir !
(*Il veut s'éloigner, Flammèche et quelques amis cherchent à le retenir. Françoise tape de toutes ses forces dans la main de Barnabé, qui est tombé en syncope dans un fauteuil.*)
Ensemble.
FLAMMÈCHE *et tous les autres, excepté* BARNABÉ *et* FRANÇOISE.

D'un destin sévère,
Sache donc, ami,
Braver la colère.
Crois-nous, reste ici.

Ta peine est extrême,
Mais, ami, tu vois,
Qu'en cet instant même,
Plus d'un cœur qui t'aime
Veille ici sur toi.

LUCIEN.
Cède à ma prière,
Je veux, mon ami,
D'un sort trop contraire
Me voir affranchi.
Ah ! dans le ciel même,
Non, je n'ai plus foi !
O douleur extrême,
Oui, tout ce que j'aime
Est perdu pour moi.

QUENTIN, *à sa fille.*
Eh ! que puis-je faire ?
Moi, je vois ici,
La fin ordinaire
Des fous comme lui.
Sa peine est extrême ;
Parbleu, je le croi,
Mais en vain il t'aime,
Je veux qu'ici même
Il renonce à toi !

MATHILDE, *à son père.*
De grâce, mon père,
Venez donc aussi
Calmer sa colère
Et veiller sur lui.
Sa peine est extrême,
Voyez son effroi ;
Sur lui, puisqu'il m'aime,
Ah ! veillez vous-même ;
Qu'il vive pour moi !

FRANÇOISE, *pendant le baisser du rideau, parlé.*
Ah ! Sainte-Vierge... il est donc trépassé !..
(*Frappée.*) Ah !
(*Elle prend une épingle à son corsage et pique Barnabé qui pousse un cri et se redresse. — Françoise, de son côté, pousse un grand cri de joie.*)
BARNABÉ, *se frottant l'épaule.*
Sapprrristic !
FRANÇOISE, *avec joie.*
Il n'est pas mort !
(*Lucien cherche vainement à s'échapper ; ses amis le retiennent en l'entourant.*)

ACTE III.

La cour d'un restaurant hors barrière. — Au fond, le mur de clôture, avec une porte ouverte sur la route et sur la campagne, surmontée d'une enseigne ainsi conçue : AU VRAI LAPIN, et représentant un lapin avec un bonnet de police sur l'oreille. — Au deuxième plan, à gauche, la porte de la maison. — Plus loin, au troisième plan, une petite porte basse conduisant à la cave, une table à gauche. — Sur le devant bancs, chaises grossières, tables, bosquets à droite, etc.

SCÈNE I.
BARNABÉ, FRANÇOISE.

FRANÇOISE, *dans la maison.*
Barnabé !

BARNABÉ, *dans la coulisse en face.*
Femme ?...

FRANÇOISE, *dans la maison.*
As-tu mis ton bonnet neuf et ton tablier blanc ?

BARNABÉ, *dans la coulisse.*
Oui, femme !...

FRANÇOISE (*sortant de la première porte à gauche, et portant des assiettes, des serviettes, etc. Elle a pris un magnifique embonpoint depuis le second acte. — Barnabé entre en même temps en scène de l'autre côté et en costume de chef de cuisine, bonnet de coton, serviette et tablier, couteau de cuisine ; il est gros, gras, rouge, bouffi, brillant de santé ; il est en train de plumer un canard.*)

Tiens ! pourquoi donc que tu n'as pas mis ton pantalon neuf ?

BARNABÉ.
Je n'ai jamais pu entrer dedans...

FRANÇOISE, *allant mettre deux couverts sur la table d'un bosquet à droite.*
Ah ben ! un pantalon acheté il y a quinze jours !

AIR des Amours de Michel et Christine (Loïsa Puget).

Premier couplet.
FRANÇOISE.
Dieu, grossir si vite !
De c'tte façon là !
Ah ! ah ! ah ! ah ! qu'est-ce que ça deviendra !
BARNABÉ.
Mais si je profite,
Toi, de ton côté,
T'as d'puis quelqu' temps joliment profité !
T'es fraîche et rond' comme une pomme.
FRANÇOISE.
Toi qu'étais plus mince qu'un fuseau,
Tu deviens...
BARNABÉ.
Je deviens bel homme !
FRANÇOISE.
Dis donc qu' tu viens un beau tonneau !
BARNABÉ.
C'est-il l' bonheur... l'air des champs ? j' n'en sais rien,
Mais l' fait est qu' nous nous portons bien.
Ensemble.
Ah ! ah ! ah ! nous f'sons à nous deux
Un couple charmant, un couple fameux !
Ah ! ah ! ah ! c'est vrai qu'à nous deux
Nous fesons un coupl' des plus fameux !

Deuxième couplet.
FRANÇOISE.
Veux-tu que j' te dise ?
Tu mang's beaucoup trop.
BARNABÉ.
Oh ! oh ! oh ! quatr' repas, c'est c' qu'il faut !
FRANÇOISE.
T'es d'un' gourmandise
Qu' c'en est effrayant !
BARNABÉ.
Du tout ! histoire d'alécher le client !
Quand il me voit dans notr' cuisine
Manger...
FRANÇOISE.
Bafrer comme un glouton...
BARNABÉ.
Il s' dit rien qu'à l'air dont je dîne,
Dieu ! ce qu'il mange là doit être bon !
Il en demande... Servez, garçon !...
Et j' pousse à la consommation,
V'là comment, par mon appétit,
En m'arrondissant notr' fonds s'arrondit !..
Ensemble.
Ah ! ah ! ah ! vive l'appétit,
C'est par lui ç,u'un traiteur s'arrondit...

(*Ils dansent, et Françoise tombe dans les bras de Barnabé, qui a peine à la soutenir.*

BARNABÉ.
Oui... c'est comme ça qu'un traiteur s'arrondit... et une traiteuse donc... C'est que c'est vrai... (*S'approchant de Françoise et lui prenant la taille.*) Tu deviens de plus en plus appétissante... et boulotte !... j'aime ça !... J'aim e ça !... Ah ça mais, Françoise, je serais curieux de savoir pourquoi m'as fait prendre aujourd'hui ma grande tenue...

FRANÇOISE, *qui met un couvert de deux personnes sous le premier bosquet de droite.*
Tu le sauras !

BARNABÉ.
Pour qui que tu me fais plumer ce canard ?...

FRANÇOISE.
Tu le sauras...

BARNABÉ.
Et pour qui tu mets ces deux couverts sous le bosquet...
FRANÇOISE.
Tu le verras!...
BARNABÉ.
Bon! ça me suffit!
FRANÇOISE, avec ironie.
En tout cas, ça n'est pas pour mademoiselle Christiniska, ni mademoiselle.
BARNABÉ, riant.
Ah! ah! jalouse, va... comme si j'y pense jamais!... Ah. j'y suis!... l'illustre Flammêche va bientôt venir prendre son repas et tu veux le régaler!
FRANÇOISE.
Est-ce que je mettrais deux couverts?
BARNABÉ.
Ah! c'est vrai!... dis donc, tu sais qu'il est encore allé voir s'il n'y aurait pas quelque lettre de mon pauvre Lucien... poste restante...
FRANÇOISE.
Il a bien fait... mais vois-tu... ce pauvre jeune homme... j'ai idée que c'est fini, va...
BARNABÉ.
Mais non... mais non... sapristi!... n'aie donc jamais de ces idées-là!... ça me fait mal!... j'aime mieux croire que nous le reverrons, quoique je l'entende encore nous crier, le soir du bal... Adieu tous!... adieu! et pour jamais! (S'attendrissant.) Pauvre ami! et voilà déjà dix-huit mois de ça! Tiens, femme! ce souvenir empoisonne tout mon bonheur....
(Il s'essuye les yeux avec le canard.)
FRANÇOISE.
Tiens le v'là qui pleure sur le canard.
BARNABÉ.
Ne fais pas attention, ça l'attendrira... avec ça qu'il est un peu artistement plumé, je m'en vante... Comment allons-nous l'arranger?...
FRANÇOISE, prenant le canard.
Aux olives...
BARNABÉ, calinant.
Oh! Françoise! laisse-moi l'accommoder, hein?...
FRANÇOISE.
Du tout, du tout... tu as trop bien réussi le ragoût de veau que nous avons servi hier à ce repas de corps.
BARNABÉ, avec mystère.
Ah! je vais te dire... j'y avais fait une sauce nouvelle inventée par Flammêche... une sauce chimique allemande... Ce diable d'homme m'entortille toujours avec ses inventions... mais c'est fini, je ne me ferai plus piper...
FRANÇOISE.
A la bonne heure! Allons, donne-moi ce canard... (Criant.) Baptiste... Une casserole sur le feu... Vite... Dépêchons...

(Elle entre dans la maison.)

SCÈNE II.

BARNABÉ, puis FLAMMÈCHE.

BARNABÉ, seul.
Quelle maîtresse femme, que ma femme! mais pour qui donc fait-elle tous ces préparatifs?
FLAMMÈCHE entre par le fond; il est très maigre, très pâle, ses habits et son chapeau sont affreusement rapés.
Bonjour, Barnabé.
BARNABÉ, se retournant.
Ah! bonjour, notre illustre!... Eh bien!..
FLAMMÈCHE.
Rien de nouveau.
BARNABÉ.
Toujours rien. (Voyant que Flammèche va s'asseoir à la table du bosquet, et lui montrant une table à gauche.) Tenez, mettez-vous ici... Vous serez très bien... Par-là, la table est retenue. (Flammèche s'asseoit. Appelant.) Baptiste!.. La gibelotte de M. Flammèche.
BAPTISTE, dedans.
Voilà, patron, voilà.
FLAMMÈCHE, tâtant ses poches comme pour y chercher sa bourse.
Ah! mon ami! Tu porteras encore ce repas sur ma note; j'ai oublié ma bourse.
BARNABÉ.
C'est bon!.. c'est bon!.. Qu'est-ce qui vous parle de ça. (A part.) Pauvre Flammèche, il baisse!.. Il m'invente tous les jours la même chose.
(Baptiste apporte le plat, le met sur la table et rentre à l'office.)
FLAMMÈCHE, se servant.
Tu es un bon garçon, Barnabé!.. Je te connaissais mal... Je te dois déjà une note assez élevée.
BARNABÉ.
Bah! laissez donc!.. Des lapins!... Nous en avons des vingtaines dans notre garenne.
FLAMMÈCHE.
N'importe!.. Je veux m'acquitter envers toi. Je t'ai inventé plusieurs procédés...
BARNABÉ.
Ah! bon... (Voyant Flammèche manger avidement. A part.) Dire que ça mange si bien, que ça digère encore mieux et que ça n'engraisse pas plus que ça; nous y perdons notre... lapin.
FLAMMÈCHE.
A propos... Et ma sauce?
BARNABÉ.
Votre sauce Flammèche?..
FLAMMÈCHE.
Oui!.. En as-tu fait l'essai?..
BARNABÉ.
Je l'ai servi hier dans un ragoût de veau, à vingt-cinq cordonniers qui faisaient chez nous un repas de corps...
FLAMMÈCHE.
Eh bien!.. A-t-elle fait de l'effet!
BARNABÉ.
De l'effet! Ah! je crois bien!.. Les vingt-cinq

convives ont été obligés de quitter la table avant le dessert... J'ai vu le moment où ils s'en allaient sans payer, tant ils étaient pressés de partir...

FLAMMÈCHE.

C'est singulier! Tu auras mal suivi ma recette... Écoute... On prend...

BARNABÉ, *l'interrompant.*

Non, merci!.. Je sors d'en... composer, de vos sauces... Merci, j'y renonce par ordre supérieur...

FLAMMÈCHE.

Et ma teinture?.. Ta femme en est-elle contente.

BARNABÉ.

Ah! oui! Le tablier de Françoise que vous avez teint en rouge avec du jus de betterave!.. Ah! oui! Ah! par exemple, ça a parfaitement réussi! Mais la teinture... ça ne concerne pas mon état.

FLAMMÈCHE.

Eh bien! choisis parmi mes autres inventions.

AIR: *Admirez mon spécifique unique.*

Tiens! Veux-tu mon cure-dent modèle?

BARNABÉ.

Pour des cordonniers,
Rouliers.
Semblables rateliers!

FLAMMÈCHE.

Voudrais-tu de ma lampe éternelle
Qui brûle six mois
Sans qu'on la mouche un' seule fois.

FLAMMÈCHE.

Prends mon four économique,
Qui, sans feu, cuit un repas;
Mon plum' poulet mécanique,
De la force de cent bras.

BARNABÉ, *parlé.*

Un plum' poulet!.. Plume-t-il aussi les canards?

FLAMMÈCHE.

Fort bien.

BARNABÉ, *chanté.*

Ah! voilà, voilà ce que j'appelle
Une invention
Qui doit me mettre en grand renom.

FLAMMÈCHE.

Sa puissance plumivore est telle
Qu'il plum' le gibier
Et quelquefois le cuisinier.

Ensemble.

Grâce à cette invention nouvelle,
On plume, etc.

FLAMMÈCHE,

Ah! si je savais où retrouver notre Lucien. (*Avec enthousiasme.*) Vois-tu, j'ai là dedans (*Il se touche le front.*) de nouvelles inventions à enrichir le Pérou même.

BARNABÉ.

Ah! plutôt... s'il avait voulu m'écouter, quand je lui criais : Faisons-nous restaurateur! Mais tenez; j'ai une idée, moi.

FLAMMÈCHE.

Ah! Voyons ton idée.

BARNABÉ.

Me m'avez-vous pas dit qu'on vous avait dit que ce gueusard de Danglade, le gredin!.. était passé en Amérique, le brigand!.. à New-York, le filou!.. Et bien, peut-être que Lucien aura su ça et qu'il sera allé le chercher!..

FLAMMÈCHE.

Et de l'argent, pour faire un pareil voyage?..

BARNABÉ.

Bah! Il sera embarqué comme médecin, à bord d'un navire.

FLAMMÈCHE.

Ah! mais... C'est vraiment une idée que tu as là...

BARNABÉ, *triomphant.*

N'est-ce pas?.. Oh! je ne suis pas si bête que j'en ai l'air!.. (*Se révoltant de ce qu'il vient de dire.*) C'est-à-dire... non... je n'en ai pas l'air...

FLAMMÈCHE.

C'est notre dernier espoir... (*Se levant.*) Je vais écrire aujourd'hui même à New-York, à l'instant. Cher Lucien! que je le retrouve; qu'il revienne... Et cette fois... je l'enrichis... J'ai là un plan.

BARNABÉ,

Venez, M. Flammèche... Je vous ouvrirai la porte du jardin... Vous aurez de l'ombre!

FLAMMÈCHE.

Merci! merci! J'aime le soleil! Cela fait fermenter les idées.

AIR: *Grâce à votre secours* (Tour d'Ugolin).

Oui pour savoir quel est son sort
Je tente un effort
Encor!
Et s'il m'est rendu, je me fais fort
De lui donner un trésor.

Ensemble.

FLAMMÈCHE.

Oui, pour savoir, etc.

BARNABÉ.

Oh! pour savoir quel est son sort,
Tentez un nouvel effort,
Encor!
Et s'il nous revient, de quel trésor
Payer un bonheur si fort.

(*Flammèche sort par le fond.*)

SCÈNE IV.

BARNABÉ, *seul.*

C'est ça; allez, allez, mon illustre, tandis que moi, je vais descendre à la cave. Ai-je la clef de la cave? (*trouvant son trousseau de clefs pendu à sa ceinture.*) Ah! oui... Voilà. (*regardant du côté par où Flammèche est sorti.*) Je ne sais pas, mais depuis que j'ai dit mon idée à Flammèche... il me semble que je n'y crois plus. Lucien aller à New-York, comme ça tout seul! Oh! non; il m'aurait emmené. Il savait bien que j'aurais pu suivre ma vocation là bas... aussi bien qu'ici.., On doit manger en Amérique... à New-York... On doit manger partout. Ainsi Oh! c'est fini... c'est fini; je ne le verrai plus. (*Il s'essuie les yeux avec son tablier.*)

SCÈNE VI.

LES MÊMES, FLAMMÈCHE, LUCIEN.

FLAMMÈCHE, *au fond, à Lucien.*
Suis-moi, te dis-je, et tu n'en seras pas fâché. (*Lui montrant Barnabé.*) Tiens! Vois ce gros gaillard-là. Le reconnais-tu?

BARNABÉ, *qui s'est retourné.*
Lucien!

LUCIEN.
Barnabé. (*Ils s'embrassent avec transport; Barnabé sanglotte, il ne peut se détacher de Lucien.*)

FLAMMÈCHE.
Oui, Lucien que j'ai rencontré près de ta baraque, que je t'amène.

BARNABÉ.
C'est toi... Toi vivant! (*Le palpant.*) Car tu es vivant, pas vrai, mon pauvre Lucien! Mon ami, mon frère.

LUCIEN.
Quel bonheur de te retrouver!

BARNABÉ.
Et mon Dieu, nous qui te cherchons depuis huit grands mois; nous qui te croyions en Amérique... ou (*hésitant*) ailleurs... Et te voilà, te voilà... C'est bien toi; pas mal changé, par exemple... Mais assieds-toi donc!

FLAMMÈCHE.
Au fait, tu parais fatigué. (*Il cherche un siége.*)

BARNABÉ.
Et tu vas prendre quelque chose... Tu restes avec nous.

LUCIEN.
Rester... Oh! non, c'est impossible.

BARNABÉ.
Tu voudrais nous quitter déjà. Non pas, tu resteras ici... Je te garde... pour te soigner, te restaurer. (*Mouvement de Lucien.*) Mais si, mais si... Je le peux, et d'ailleurs c'est mon état. (*Montrant son enseigne.*) Tiens! Au vrai lapin, traiteur-restaurateur; je te choyerai... Nous te choyerons nous deux ma femme.

LUCIEN.
Ta femme?

BARNABÉ.
Eh! oui, Françoise; tu sais, sa nièce à la tante Tricot.

LUCIEN.
Oh! oui, oui. Et tu es heureux?

BARNABÉ.
Dam! Tu vois. (*Il se montre en se frappant le ventre.*) Très-heureux, et ma femme... n'est pas moins heureuse que ça... Nous crevons de bonheur tous deux, et tu veux nous chagriner... tu veux partir quand je te retrouve... Non pas... non pas!

FLAMMÈCHE, *se frappant le front.*
Donne-nous quelques jours... J'ai à te parler...

LUCIEN, *à Barnabé.*
Merci, mon ami... Mais grâce à Dieu! je n'ai besoin de rien.

BARNABÉ.
Aurais-tu fait fortune?

LUCIEN.
Moi! Oh! non. Mais (*à Barnabé*) ce vieux parrain dont tu m'avais quelquefois entendu parler.

BARNABÉ.
Et qui habitait la Bretagne...

LUCIEN.
Il vient de mourir en me laissant 25,000 fr.

BARNABÉ.
Bah!

FLAMMÈCHE, *vivement.*
25,000 francs! Tu aurais 25,000 francs?

LUCIEN.
Je viens de les toucher, et je pars pour Orléans, où je compte les placer.

FLAMMÈCHE, *qui réfléchissait.*
25,000 francs! Attends... Attends...

LUCIEN.
Qu'est-ce?

FLAMMÈCHE, *vivement.*
Ne pars pas encore. Oh! garde-toi de partir avant de m'avoir entendu... sans que je t'aie communiqué... un travail...

LUCIEN, *souriant.*
Quoi, mon bon Flammèche, vous penseriez encore...

FLAMMÈCHE.
Oh! cette fois, garde-toi de partir, te dis-je. Reste ici, je cours... Avant une heure, je t'aurai rejoint... Je t'expliquerai, et si tu n'es pas convaincu, eh bien! tu partiras, mais pas avant, pas avant de m'avoir revu. Attends-moi, attends-moi. (*Ils sort vivement.*)

SCÈNE VI.

LUCIEN, BARNABÉ.

LUCIEN.
Pauvre ami!.. Toujours le même... Rien n'a donc pu le tirer de ses rêves dorés, lui!..

BARNABÉ.
Non... Mais dis-donc... Tu ne me quitteras pas, au moins, sans me dire ce que tu es devenu pendant ces dix-huit mois... depuis le soir de notre fameuse catastrophe.

LUCIEN.
Ah! oui... Tu sais que je sortis de l'hôtel comme un désespéré, comme un fou! Il était près de minuit; je courus au hasard dans les rues, sans savoir où j'allais... Tout-à-coup je me heurtai contre un obstacle; j'étais sur le pont de la Concorde... Une rage furieuse me poussait à me précipiter...

BARNABÉ, *effrayé, lui saisissant la main.*
Malheureux!.. Tu oubliais-donc Mlle Mathilde.

LUCIEN.
Mathilde... Oui... C'est elle... Ce fut son souvenir qui me sauva de moi-même! Je me rappelai ses paroles: « Courage! J'attendrai. » Et j'eus honte de ma faiblesse; je résolus de vivre, mais avec la ferme détermination d'abandonner pour jamais les idées qui n'avaient abouti qu'à la ruine de mes espérances... Je jurai de commencer une vie nouvelle... une vie de travail patient, régulier, et afin que rien

ne s'opposât à ce projet, je... (*Voyant Barnabé regarder vers le fond, dans le lointain.*) Quoi? Que regardes-tu?

BARNABÉ.
Attends... Ah! sapristi... Mais non.., Mais si... Ce grand chapeau en forme de pâté... là bas... cette tournure gracieuse... Ce sont eux.

LUCIEN.
Qui?

BARNABÉ.
Ce vieux roquentin de père Quentin avec sa fille.

LUCIEN.
Grand Dieu! Ils viennent ici?

BARNABÉ.
Eh bien!.. eh bien!.. Après?

LUCIEN.
Oh! je ne veux pas que M. Quentin me voie... Le moment n'est pas venu encore; non, plus tard, plus tard.

BARNABÉ.
Alors (*le conduisant à la porte de la maison*) entre là... Monte vite au premier... Enferme-toi dans ma chambre.

LUCIEN.
Mais si ta femme...

BARNABÉ.
Elle ne sait pas que tu es ici... D'ailleurs je lui défendrai...(*Se reprenant et baissant la voix.*) Le premier escalier, au premier. (*Lucien est entré.*) Bon, il est déjà enfermé à double tour. (*Voyant Quentin et Mathilde.*) Il était temps! (*Appelant à grands cris.*) Françoise, Françoise.

⁂

SCÈNE VII.

BARNABÉ, QUENTIN, MATHILDE, FRANÇOISE.

FRANÇOISE, *de la maison.*
Voilà.

BARNABÉ.
Vite!.. C'est M. Quentin avec Mlle Mathilde.

FRANÇOISE, *paraissant sur le seuil où il est lui-même, et le poussant.*
Laisse-moi donc passer... Tu vois bien que je ne peux pas.

BARNABÉ.
C'est pourtant vrai... Si ça continue, faudra faire élargir les portes. (*Montrant Quentin qui examine l'enseigne.*) Tiens!..

FRANÇOISE, *joyeuse.*
Eh bien! devines-tu, à présent, pour qui sont les deux couverts du bosquet?

BARNABÉ.
Tu les attendais! et tu n'as pas mis ton tablier rouge de betterave. (*Ils vont au devant de Quentin et de Mathilde qui entrent par le fond. Mathilde a l'air triste et souffrant; Barnabé fait de grands saluts avec son bonnet de coton.*) Ah! monsieur Quentin!.. Ah! Mademoiselle Mathilde!

FRANÇOISE, *faisant force révérences.*
Quel plaisir vous me faites, monsieur, d'avoir accepté... J'avais tant d'envie de vous montrer notre petit établissement.

BARNABÉ, *redoublant ses saluts.*
Croyez, Monsieur... que l'honneur... la faveur...

QUENTIN, *un peu brusquement.*
Bonjour, mes amis, bonjour; savez-vous qu'il y a loin de chez moi à votre barrière de la Chopinette.

BARNABÉ.
Ah! monsieur!.. Mais l'air y est excellent... et les lapins aussi...

FRANÇOISE, *à Mathilde.*
Donnez-moi votre chapeau... votre ombrelle, mamselle... Tenez, asseyez-vous, vous êtes fatiguée.

MATHILDE, *la remerciant et s'asseyant.*
C'est vrai, un peu, ma bonne Françoise. (*A part, regardant Barnabé.*) Aura-t-il quelques nouvelles?..

QUENTIN.
Oui, depuis quelque temps, elle est toute je ne sais comment, et impossible de savoir... la cause...

MATHILDE.
Mon père... j'ignore...

QUENTIN.
J'ignore... j'ignore... La belle raison!.. En attendant, tu souffres... c'est clair... et je m'inquiète! Que diable, on n'a qu'une fille; on tient à la conserver... et du moins, si je connaissais le motif.

BARNABÉ, *à part.*
Je sais bien ce qui la remettrait, moi.

FRANÇOISE, *bas à Quentin qui lui montre Mathilde devenue rêveuse.*
Cette pauvre demoiselle a eu tant de chagrin lorsque M. Lucien... Peut-être bien que c'est ça.

QUENTIN.
M. Lucien!.. (*Mathilde tressaille.*) Oh! elle n'y pense plus.

MATHILDE.
Moi, mon père.

QUENTIN.
Oh! non... n'est-ce pas?.. Tu es revenue de tes boutades sentimentales d'autrefois, en faveur de ce prétendu homme de génie qui, en courant après le titre de millionnaire, n'est parvenu à attraper que la misère. (*A Barnabé.*) Vous avez pris le bon parti, vous, Barnabé... Vous avez pensé au solide... (*montrant Françoise*) de toutes façons.

BARNABÉ.
Mais oui, j'aime le solide, moi! mais z' oui.

QUENTIN.
Le commerce va-t-il un peu?

FRANÇOISE.
Vous êtes bien bon, Monsieur! Nous ne nous plaignons pas, et pour des gens qui commencent...

QUENTIN, *l'interrompant.*
Allons! tant mieux!.. Et ton mari, en es-tu contente?

FRANÇOISE.
Dam! assez... (*Lui frappant sur les joues.*) Il n'est pas méchant!

BARNABÉ, *riant câlinement.*
Ah! ah! ah! ah! ah!

FRANÇOISE, *le regardant.*
Mais, qu'as-tu donc? tu as les yeux tout rouges. On dirait que t'as pleuré?
QUENTIN, *raillant.*
Pleuré?
BARNABÉ, *s'efforçant de rire.*
Pleuré! ah! bien, ah! oui, c'est que j'ai épluché un ognon... (*Regardant Mathilde, à part.*) Pauvre demoiselle! elle me fait peine! Il faut absolument que je lui dise. (*Haut.*) Dis donc, femme... Pour que monsieur ne s'impatiente pas... si tu le conduisais visiter notre jardin... notre basse-cour, notre garenne de vrais lapins.
QUENTIN.
Volontiers! (*Regardant l'enseigne.*) Mais j'en vois déjà un magnifique sur votre porte.
BARNABÉ, *flatté.*
Ah! celui-là, c'est moi qui l'a peint, le lapin.
QUENTIN, *examinant l'enseigne.*
A la bonne heure. Voilà comme j'aime les arts.
BARNABÉ, *qui s'est approché de Mathilde, pendant que Quentin et Françoise regardent l'enseigne. Bas et vite.*
Tâchez de rester, j'ai à vous parler. (*Il s'éloigne vivement.*)
MATHILDE, *laissant échapper un cri à demi-voix.*
Ah!
QUENTIN, *se retournant.*
Quoi?
BARNABÉ, *faisant sonner ses clefs bruyamment.*
Je descends à la cave, femme, v'là que je descends. (*Il descend par la petite porte basse de la cave, au troisième plan, à gauche, après avoir échangé un signe d'intelligence avec Mathilde.*)

SCÈNE VIII.

QUENTIN, MATHILDE, FRANÇOISE.
FRANÇOISE.
Allons! mamselle... Venez faire une petite visite à mes lapins, ça vous distraira.
MATHILDE.
Merci, plus tard, si tu veux bien, ma bonne Françoise... Je désire me reposer un moment encore. Allez toujours sans moi, mon père.
QUENTIN, *avec impatience mêlée d'intérêt.*
Mais que diable as-tu donc? (*La regardant.*) Ah! que les pères seraient heureux s'ils n'avaient pas...
FRANÇOISE, *l'interrompant.*
Eh bien! monsieur, commençons par la maison, nous verrons le jardin après le dîner.
QUENTIN, *la suivant.*
C'est ça, d'ailleurs! Je ne te cache pas que je suis plus grand amateur des immeubles que des basses-cours.

AIR: Va-t-en m'attendre (*la Loi salique*, Gymnas.).
    Conduis-moi, ma chère,
    Je vais parcourir
    Ta maison entière

    Avec grand plaisir.
FRANÇOISE.
    Ah! que je suis fière
    D'vous m'ner parcourir
    La maison entière
    Que j'viens d'acquérir.
MATHILDE.
    Allez, mon bon père,
    Pour vous obéir,
    Avant peu, j'espère
    Ne plus tant souffrir.
(*Françoise et Quentin entrent dans la maison.*)

SCÈNE IX.

MATHILDE, *puis* BARNABÉ.
MATHILDE, *se levant vivement.*
Il faut qu'il me parle, m'a-t-il dit... et il avait l'air tout joyeux, en me disant cela! Mon Dieu! Que dois-je espérer? Aurait-il enfin appris...
BARNABÉ, *paraissant à moitié corps au haut de l'escalier de la cave, après avoir jeté un coup d'œil sur la scène, à demi-voix.*
Pst, sont-ils partis?
MATHILDE.
Oui! venez vite! parlez... parlez!
BARNABÉ, *sortant de la cave avec une bouteille à la main.*
Permettez d'abord que je sorte de ces catacombes (*il referme la porte et vient poser sa bouteille sur la table.*
MATHILDE, *le suivant et joignant les mains.*
Oh! Monsieur Barnabé vous me faites mourir que savez-vous? qu'avez-vous appris? parlez, nom du ciel: monsieur Lucien.....
BARNABÉ, *avec mystère.*
Eh! bien! Lucien... je ne le dis qu'à vous seule... ma femme elle-même n'en sait rien...
MATHILDE, *respirant à peine.*
Monsieur Lucien? Il existe?
BARNABÉ, *baissant la voix.*
Il..... (*Au même instant Françoise et Quentin sortent très-agités de la maison.*

SCÈNE X.

LES MÊMES, QUENTIN, FRANÇOISE.
FRANÇOISE, *effrayée.*
Barnabé!
MATHILDE.
Ciel!
BARNABÉ, *effrayé, à part.*
Ah! sapristi! ils étaient dans la maison!
FRANÇOISE, *vivement et avec effroi.*
Barnabé, il y a quelqu'un dans notre chambre.
BARNABÉ, *très troublé, jouant l'étonnement.*
Ah bah!
QUENTIN.
C'est positif! et la porte est fermée en dedans.
BARNABÉ, *de plus en plus troublé, jouant la surprise.*
Allons donc!... Allons donc! impossible, que voulez-vous qui...

FRANÇOISE, *pleurant et à Quentin.*
Ah! Monsieur! je vois tout, je devine! le scélérat! c'est queuqu'une de ses anciennes qui sera venue ici... avec qui il causait tout-à-l'heure, et qu'il a cachée chez nous.
BARNABÉ.
Moi! voilà une idée!
QUENTIN, *sévèrement.*
Barnabé!
FRANÇOISE, *très-animée.*
Oui, j'en suis sûre! il ne m'a jamais aimée! il ne m'a épousée que par intérêt.
BARNABÉ, *protestant.*
Françoise!
FRANÇOISE, *sans s'interrompre.*
Témoin la manière dont il m'a reçue à son bal. C'est une de ses bonnes amies, sa demoiselle Christianiska ou sa Félicité.
BARNABÉ, *se révoltant.*
Félicité sans queue.
FRANÇOISE (*continuant*).
Ou bien quelqu'autre,
BARNABÉ (*ne sachant où donner de la tête, portant les mains sur son cœur, et les étendant en avant pour faire serment*).
Françoise! ma femme, je te jure, je te proteste... Donne-moi quelque chose de sacré que je jure dessus.
(Il ôte le chapeau de Quentin, et lui étend la main sur la tête.)
QUENTIN (*lui reprenant le chapeau*).
Allons donc!
FRANÇOISE.
Eh! bien, alors, faites-nous ouvrir la porte de la chambre.
QUENTIN.
Doucement... doucement... Françoise! Après tout, si c'était un voleur.
Un voleur!
BARNABÉ (*en même temps*).
Un voleur!
FRANÇOISE (*éperdue*).
Et tout notre argent qui est dans l'armoire! Barnabé... Puisque ce n'est pas une femme, allez chercher la garde.
BARNABÉ (*effrayé*).
La garde, par exemple! Jamais!
FRANÇOISE (*à Quentin*).
Là, vous voyez bien... Il refuse; j'étais sûre que c'en était une!
QUENTIN.
Comment, Barnabé...
BARNABÉ (*perdant la tête*).
Eh ben! après, là! quoi? quand ce serait?
FRANÇOISE (*criant*).
Il avoue... Ah! ciel de Dieu!
QUENTIN (*à Barnabé*).
C'est indigne, une pareille conduite!
BARNABÉ.
Du tout... mais, je dis... car enfin... Au surplus, je suis aubergiste, et j'ai le droit de loger...
FRANÇOISE.
Des femmes, dans ma chambre... Oh! (*A Quentin*) je parierais qu'il y en a deux... trois.

BARNABÉ
Quatre, six, dix, vingt-six, allez donc, un quarteron.
FRANÇOISE.
Ah! monstre. (*Elle le menace avec ses ongles.*)
BARNABÉ (*se couvrant la figure*).
Françoise, ne jouons pas avec ça.
FRANÇOISE.
La clé, la clé... tout de suite, horreur de dévergondé que vous êtes.
QUENTIN.
Allez au diable! (*A Mathilde.*) Viens, ma fille, nous ne pouvons rester ici davantage.
BARNABÉ (*bas à Mathilde, et lui faisant signe*).
Demeurez.
MATHILDE (*se levant et se rasseyant*). Je ne puis, je me sens si faible... Et puis l'émotion de cette scène pénible.
QUENTIN, *à Barnabé.*
Malheureux! vois ce dont tu es cause... Je cours chercher un fiacre... un omnibus... n'importe quoi, un vagon, s'il le faut, mais je ne resterai pas une minute de plus ici.
BARNABÉ, *se croisant les bras.*
C'est ça, allez, courez...
QUENTIN.
Effronté.
FRANÇOISE, *le menaçant du doigt?*
Tu me paieras ça. (*Barnabé lui fait des signes.*) Hein il me fait la grimace. A Quentin.) Monsieur, il me fait des grimaces...
QUENTIN, *qui était retourné à sa fille, allant à Barnabé.*
Tu es un polisson!
AIR : Ah! je prends patience. (Vicomte de Giroflée.) Gymnase).
Ah! quelle impertinence!
Cet impudent traiteur
Ose en ma présence
Faire un geste moqueur,
Oh! vite en diligence,
Quittons cette maison,
Mais de son insolence
Plus tard j'aurai raison.
FRANÇOISE.
Ah! Dieu! quelle impudence!
Juste Ciel! quelle horreur!
Commettre en ma présence
Une telle noirceur!
Ah! Dieu! quelle impudence
Dans ma propre maison.
Mais de ton inconstance
Va, va, j'aurai raison!
BARNABÉ.
Ah! de mon innocence
On ternit la blancheur,
Mais j'ai ma conscience
Pour rassurer mon cœur.
Ah! de mon inconstance
Elle veut avoir raison,
Mais avant peu, je pense,
J'obtiendrai mon pardon.
MATHILDE.
Ah! prenez patience.
Pourquoi tant de rigueur,

Avec plus de clémence.
Excusez son erreur,
Ah! malgré l'apparence
De cette trahison
Il n'est pas, je le pense
Indigne de pardon.
(Quentin sort précipitamment par le fond).

SCÈNE XI.
LES MÊMES, moins QUENTIN.

(*Barnabé qui est allé au fond et l'a suivi des yeux, redescend la scène en dansant et chantant la Polka.*)

BARNABÉ.
Tra la la... tra la la.

FRANÇOISE, *stupéfaite.*
Il chante! il danse!

BARNABÉ.
Oui, je chante... oui, je polke... de satisfaction et de jubilation! Ah! tu veux connaître la demoiselle... tu vas la voir la demoiselle..... (*Allant à la porte et poussant le cri des Peintres.*) Brrr, tu peux descendre!

FRANÇOISE.
Il la tutoie, l'effronté! ah! si j'avais n'importe quoi sous la main..... (*Elle prend une assiette sur la table*).

BARNABÉ, *s'arrêtant.*
Finis donc, grosse jalouse! (*lui montrant Lucien, qui paraît*). Tiens.

FRANÇOISE, *ébahie.*
Monsieur Lucien.

MATHILDE.
O ciel!

BARNABÉ.
Non... pas au ciel... ici... en bas... près de vous.

FRANÇOISE.
Quoi! comment? c'était lui?

BARNABÉ.
Toi, va soigner le canard pendant que nous causerons... et mets ton tablier rouge... ton tablier de betterave (*il la pousse en la faisant tourner*), va, va..... va mettre ton tablier.

FRANÇOISE.
Mais.

BARNABÉ.
Va donc... va donc... et (*la poussant dans la maison*). Va donc... (*Lucien*). Hein, comme ça roule!

SCÈNE XII.
LUCIEN, MATHILDE, BARNABÉ.

LUCIEN, *à Mathilde.*
Il est donc vrai... Mathilde, je vous revois... Ah! j'étais loin de m'attendre en venant ici...

BARNABÉ.
Quand je te disais de rester (*à Mathilde*). Il veut encore partir, mademoiselle.

MATHILDE.
Partir.

LUCIEN.
Oh! plus cette fois dans le but de poursuivre de chimériques espérances... Mais pour conquérir peu à peu une position bien modeste sans doute, mais solide et honorable.

MATHILDE.
Ah! c'est très-bien... c'est très-bien cela, Monsieur Lucien. Dieu veuille que vous persistiez.

LUCIEN.
Oh! maintenant je suis sûr de moi, j'ai repris mes habitudes laborieuses.

BARNABÉ.
Ah! oui... qu'est-ce que tu fais à présent? Tu allais me le dire tantôt... où étais-tu donc?

LUCIEN.
A quelques lieues de Paris; là, caché dans une mansarde, je me suis remis au travail.

BARNABÉ.
Quel travail?

LUCIEN.
Celui pour lequel je m'étais toujours senti le plus de goût et d'aptitude.

MATHILDE.
La peinture.

BARNABÉ.
Les pages bibliques avec des turbots de Balthazar.

LUCIEN.
Oh! non... le dessin d'ornementation; je m'y livrai avec ardeur, j'étudiai les bons modèles, je composai, je créai sans relâche ni repos, souvent sans feu, quelquefois sans...

BARNABÉ.
Ah!

MATHILDE.
Grand dieu.

BARNABÉ.
Et je n'étais plus là, moi; pendant ce temps-là je me gobergeais, je me bourrais, j'engraissais..... je craquais dans mes entournures, je défonçais mes vêtements (*arrachant son bonnet*). Ah! gros lâche, va...

LUCIEN (*souriant et continuant*).
J'envoyais de temps à autre mes essais dans diverses fabriques, mais toujours inutilement; le chagrin, le découragement s'emparaient de moi, la fièvre me consumait, je me sentais mourir.

MATHILDE.
Pauvre Lucien.

LUCIEN.
Lorsqu'il y a six semaines, un étranger se présente à moi. Jeune homme, me dit-il, j'ai vu vos dessins... C'est bien, il y a du goût, de l'originalité, c'est à la fois élégant et riche, cela doit bien réussir : je suis à la tête d'une fabrique considérable d'Orléans... Voulez-vous me donner tout votre temps, toutes vos compositions, je me chargerai de votre avenir.

MATHILDE.
Vous avez accepté?

LUCIEN.
Avec empressement, reconnaissance, et j'étais là depuis le mois dernier, quand j'ai reçu la nouvelle de la mort de mon parrain et du legs qu'il me laissait.

BARNABÉ (à *Mathilde*).
25,000 francs, Mademoiselle, qu'il est venu toucher à Paris. (*A Lucien.*) Que vas-tu faire de ça?

LUCIEN.
Les placer dans la maison où je suis ; cette somme jointe à mes économies de chaque année, me permettra un peu plus tard de marcher seul (*avec réserve*), et peut-être plus tard encore, peut-être oserai-je de nouveau reparler à votre père...

MATHILDE.
Qui alors vous entendra, Monsieur Lucien... Oh! oui, croyez-le, lorsque le temps lui aura démontré la sincérité de votre changement, la fermeté de vos résolutions, lorsque mon père sera bien certain que vous êtes enfin tel qu'il vous désirait.

LUCIEN.
Je pourrais encore prétendre à votre main?

BARNABÉ.
Pas de doute, et pourquoi attendre? Pourquoi pas tout de suite! (*Mouvement de Lucien.*) mais si... quand il va savoir ce que tu as fait, ce que tu veux faire. (*A Mathilde.*) Pas vrai, mamselle?

MATHILDE (*baissant les yeux*).
Peut-être... en effet.

LUCIEN.
Oh merci de cet espoir... merci !

Air : Si je n'inventais pas la Poudre (les Surprises du Gymnase).

Enfin, après tant de souffance
Par vous mes tourmens vont finir;
Oui! sous votre douce influence,
Je vois rayonner l'avenir,
L'espoir qu'avec vous je partage
D'ivresse va briser mon cœur;
Pour souffrir j'avais du courage,
En aurai-je pour le bonheur?

ENSEMBLE.
Pour souffrir, etc.

MATHILDE.
J'avais dit espoir et courage !
Eux seuls conduisent au bonheur.

SCÈNE XII.

LES MÊMES, QUENTIN, FLAMMÈCHE *tenant des papiers sous le bras.*

QUENTIN, à *Flammèche qui le suit.*
C'est bien, très-bien, (à Lucien) eh bien jeune homme, vous êtes de retour?

BARNABÉ.
Père Quentin...

QUENTIN, à *Barnabé.*
Et voilà pourquoi vous m'aviez éloigné, Monsieur le drôle, je sais tout, grâce au cousin.

FLAMMÈCHE, à *Lucien.*
C'est moi qui lui ai appris...

QUENTIN.
Oui, Flammèche m'a annoncé une bonne nouvelle pour tous; vous revenez encore une fois riche, très-riche.

LUCIEN.
Moi.

FLAMMÈCHE.
Sans doute.

BARNABÉ.
Certainement.

FLAMMÈCHE.
Avec tes vingt-mille francs.

MATHILDE.
Un emploi sûr... honorable.

BARNABÉ.
Et des appointements. (*A Quentin.*) Nous avons des appointements.

FLAMMÈCHE.
Vingt-cinq mille francs et cette découverte précieuse...

MATHILDE.
Et puis, mon père, il est devenu tout-à-fait raisonnable.

QUENTIN.
Tout à fait, vraiment..... à la bonne heure, et vivat alors, car vous ne pouviez arriver plus à propos... cette chère Matilde, depuis votre séparation..... Et tenez votre présence... là voilà déjà toute ranimée... Viennent maintenant les distractions, les plaisirs et les fêtes dont vous lui parliez.

MATHILDE.
Oh! mon père, vous savez bien...

QUENTIN.
Je sais, je sais, que cela te ferait plaisir.... Un hôtel, des parures, un équipage, ça va bien à une jeune femme, et puisque M. Lucien te les a promis, et qu'il peut te les offrir.....

BARNABÉ, à *part.*
Aie, aie...

FLAMMÈCHE.
Assurément tu le pourras. (*Il lui montre ses papiers.*)

LUCIEN.
Pardon, mon ami. (*A Quentin.*) Je dois vous tirer de votre erreur, Monsieur; ma fortune aujourd'hui, c'est surtout l'expérience, le travail opiniâtre, assidu.

MATHILDE, à *son père.*
Tel que vous le lui avez conseillé autrefois.

QUENTIN.
Comment Plaît-il? Vous n'en seriez qu'à espérer?

LUCIEN.
Mais avec du courage, de la persévérance, j'arriverai.

QUENTIN.
Dans une vingtaine d'années... et vous croyez sérieusement que nous allons recommencer à vous attendre.

FLAMMÈCHE, à *Lucien.*
Et pourquoi attendre lorsque je garantis qu'avec tes vingt-cinq mille francs....

LUCIEN.
Qui, moi, que j'expose....

FLAMMÈCHE.
N'avons-nous pas déjà réussi une fois?

QUENTIN.
Au fait, vous avez déjà réussi.

BARNABÉ.
Mais oui, nous avions réussi, et sans ce gueux de Danglade.

ACTE III, SCÈNE XIII.

LUCIEN *à Quentin.*
Quoi, Monsieur, c'est vous, vous qui m'engagez...

QUENTIN.
Ah! dam, il est des circonstances.... Quand on est pressé, quand on aime.

BARNABÉ.
Et nous aimons.... Oh! oui nous aimons.

LUCIEN.
Non, Monsieur, non, ces spéculations hasardeuses, insensées, ruineuses, que vous condamniez avec tant de raison....

QUENTIN.
J'avais tort, jeune homme, complètement tort; pour réussir, dans le siècle où nous vivons, il faut de l'audace; il faut aller vite, au risque de se casser le cou.

LUCIEN.
Ce langage, M. Quentin... J'ai mérité cette ironie.

QUENTIN.
Du tout, je parle sérieusement, très sérieusement; et tenez, vous me voyez ravi, enchanté d'un projet que le cousin Flammèche vient de me communiquer; et qui me paraît une excellente affaire, dans laquelle je mettrais volontiers quelques billets de mille.

FLAMMÈCHE, *déroulant un tableau.*
Est-ce celle-ci?

BARNABÉ.
Tiens, un œuf de Pâques, c'est ça qu'il couvait là-bas.

FLAMMÈCHE.
Idiot! un ballon lumineux, qui va détrôner tous les systèmes d'éclairage.... chandelles, lampions, bougies.... gaz.

BARNABÉ.
Et la lune aussi?

FLAMMÈCHE.
La lune supprimée... Je souffle dessus, paff.

QUENTIN.
Ce n'est pas ça; il s'agissait d'un projet plus terre à terre.

BARNABÉ.
Mon plume-canard, peut-être, ou la teinture de betteraves.

LUCIEN, *repoussant Barnabé et ses papiers.*
Inutile de chercher, mon ami; ce projet, quel qu'il soit, sage ou non, je le repousse. et si je rentrais dans la voie funeste que j'ai quittée pour toujours, qui me dit que de nouvelles déceptions, de nouveaux désastres...

QUENTIN.
Il suffit, mon cher, n'en parlons plus. (*A Mathilde.*) Tu le vois, je lui offrais une dernière chance de l'obtenir; rappelle-toi que c'est lui, lui-même qui t'a rejetée.

LUCIEN.
Ah! Mathilde! pardonnez, pardonnez-moi... Si vous saviez ce que je souffre.

FLAMMÈCHE.
Mais, vois donc, ta fortune est certaine; un seul mot et tu es riche.

QUENTIN.
Et Mathilde est à vous.

BARNABÉ.
Accepte.

LUCIEN (*combattu*).
Mon Dieu! (*Après un effort*). non, vous dis-je; plutôt la perdre que de m'exposer à faire son malheur.

QUENTIN, *étonné.*
C'est votre dernier mot. vous ne voulez pas? (*Silence.*) Vous ne voulez pas? Non.... Une fois, deux fois; eh! bien, adjugé, touchez-là, mon garçon, vous aurez ma fille.

LUCIEN.
Monsieur!

MATHILDE.
Que dit-il?

QUENTIN.
Touchez-là, vous dis-je; je sais maintenant ce que je voulais savoir, et Mathilde sera votre femme.

SCÈNE DERNIÈRE.

LES MÊMES, FRANÇOISE, *avec un tablier rouge.*

FRANÇOISE.
Ah bah!... (*Courant à Mathilde.*) Pas possible... Il serait possible que cela soit possible!

BARNABÉ.
Ah! Dieu... ah! ciel... ah! Dieu... mon pauvre Lucien.

LUCIEN.
Chère Mathilde!

BARNABÉ.
Alors c'est pour tout de bon? Ah! sapristi, papa Quentin, ça ne se passera pas comme ça. (*Il va à Quentin, on le pousse, il arrive à Françoise.* (Ah! ma petite femme (*Il l'embrasse.*) Pan! ça y est.

QUENTIN *à Lucien.*
Oui, je voulais m'assurer que vous ne retourneriez plus à toutes vos extravagances.

FLAMMÈCHE (*montrant ses papiers.*)
Des extravagances, ça... Vieux fou!

FRANÇOISE *à Barnabé.*
Voyons, voyons, veux-tu bien ne pas pleurer comme ça.

BARNABÉ.
J' peux pas, c'est la joie... Mon pauvre Lucien, le v'là heureux.

FRANÇOISE (*lui essuyant le visage.*)
C'est pas une raison pour t'inonder comme ça. Ah! Jésus Marie!

BARNABÉ *effrayé.*
Quoi donc?

TOUS, *voyant le visage de Barnabé qui est devenu tout rouge.*
Ah! mon Dieu!

FRANÇOISE.
C'est mon tablier... (*A Flammèche.*) Eh! bien, elle est fameuse encore votre teinture de betterave! vous.

FLAMMÈCHE.
Comment, tu ne trouves pas cette nuance magnifique.

FRANÇOISE.
Laissez donc.

FLAMMÈCHE.
Et vous rejetez mes créations, mes inven-

tions; eh! bien, je continuerai seul ma chasse aux millions.

BARNABÉ.

En attendant, il continuera de la mienne, de chasse, au vrai lapin.

LUCIEN, à *Barnabé.*

A frais communs.

BARNABÉ.

Ça va.

FLAMMÈCHE (*se frappant le front.*)

Je les tiens.

Vaudeville final.

AIR: *C'est magnifique.* (Dagobert.)

FLAMMÈCHE.

Laissez-moi faire,
C'est mon affaire,
Je sens déjà bouillonner mon cerveau.
Dans mon génie,
Notre industrie
Viendra puiser tous les jours du nouveau.

Voyez déjà, dans un' vive escarmouche,
Si son fusil manque de munition,
Le soldat peut y mettre, au lieu d'cartouche,
Ses bas, sa ch'mise et son bonnet d' coton.

FRANÇOISE.

Dans des fourneaux, par un' nouvel' manière,
On fait l' fricot sans mêm' le retourner.
On peut comm' ça s' passer de cuisinière;
Souvent aussi l'on s' passe de dîner.

BARNABÉ.

J'trouv' qu'on invent' beaucoup trop, sans reproche.
Hier un gaillard de moi s'est approché,
Et m'a soul'vé mon mouchoir dans ma poche;
Il inventait l'foulard à bon marché.

QUENTIN.

Et ce guano qu'à l'aide de nos flottes
On va chercher comm' un nouvel engrais,
Il sert du moins à tirer des carottes
S'il ne fait pas bien pousser les navets.

LUCIEN.

A la vapeur on fait la politique,
A la vapeur écrit plus d'un auteur.
A tout enfin, oui, la vapeur s'applique,
Ne voit-on pas des femmes à vapeur?

FRANÇOISE.

Chez nos voisins des dames peu vêtues,
Aux amateurs se montrent chaque soir,
Comme elles sont visibles à l'œil nues,
Il ne faut pas de lorgnette pour les voir.

QUENTIN.

Comm' mon journal grandit, c'est incroyable,
Dans mon fauteuil je l' lisais sans façon;
Puis j' suis monté sur un banc, sur un' table,
Il m'fera monter sur l'dôme du Panthéon.

FLAMMÈCHE.

Moi, j'ai trouvé pour mon heure dernière
Un grand secret, celui de n'pas mourir.
Si je me trompe et qu'on me mette en terre,
J'ai découvert le moyen d'en sortir.

MATHILDE *au Public.*

Flammèche hier disait: j'ai le présage
Que nous aurons un succès mérité.
Applaudissez, car sans votre suffrage
Cet inventeur n'aurait rien inventé.

ENSEMBLE.

Laissez-le faire,
C'est son affaire,
Il sent déjà bouillonner son cerveau.
Dans son génie,
Notre industrie
Viendra puiser tous les jours du nouveau.

MM. les Directeurs de Province peuvent remplacer le couplet final par celui-ci:

CHŒUR.

Enfin plus d'orage,
Ils seront heureux!
Un doux mariage
Comblera leurs vœux.

FLAMMÈCHE *au Public.*

AIR:

Vous le savez, Messieurs, j'ai dans la tête
Tant de projets et tant d'inventions,
Qu'en un instant je vais, par ma recette,
Vous faire ici gagner des millions....
Allons, parlez, qui veut des millions?
Je n'ai point su, pourtant, je le concède,
Trouver encor le plus grand des secrets.
Applaudissez, Messieurs, car sans votre aide,
Moi, je ne puis inventer le succès....
Oui, c'est de vous que dépend le succès.

Impr. et Lithog. Maistrasse et Wiart, r. N.-D.-des-Victoires, 16.

www.ingramcontent.com/pod-product-compliance
Lightning Source LLC
Chambersburg PA
CBHW060521050426
42451CB00009B/1102